Vakna upp
Israel

*"Solen skall vändas i mörker
och månen i blod,
innan HERRENS dag kommer,
den stora och fruktansvärda.
Och det skall ske
att var och en som åkallar HERRENS namn
skall bli frälst.
Ty på Sions berg och i Jerusalem
skall det finnas en räddad skara
så som HERREN har sagt,
bland kvarlevan som HERREN kallar."*

(Joel 2:31-32)

Vakna upp
Israel

Dr. Jaerock Lee

Vakna upp Israel av Dr. Jaerock Lee
Utgiven av Urim Books (Represent: Johnny H. Kim)
361-66, Shindaebang-Dong, Dongjak-Gu, Seoul, Korea
www.urimbooks.com

Användes med tillstånd. Ingen del av boken eller boken i sin helhet får reproduceras i någon form, genom lagring i elektroniska medier eller överföring på något sätt eller genom något annat tillvägagångssätt, elektroniskt, mekaniskt, kopiering, samt bandinspelning eller liknande, utan tidigare inhämtat skriftligt tillstånd från utgivaren.

Där inget annat anges är Bibelcitaten hämtade från Svenska Folkbibeln. Användes med tillstånd.

Copyright © 2020 av Dr. Jaerock Lee
ISBN: 979-11-263-0611-4 03230
Translation Copyright © 2011 av Dr. Esther K. Chung. Användes med tillstånd.

Tidigare utgiven på koreanska av Urim Books år 2010

Första utgåvan mars 2020

V kórejskom jazyku vydané vydavateľstvom Urim Books v roku 2010

Redigerad av Dr. Geumsun Vin
Grafik av Editorial Bureau på Urim Books
Tryckt av Yewon Printing Company
För mer information kontakta: urimbook@hotmail.com

Förord I

I gryningen av det 19:e århundradet skedde en rad anmärkningsvärda händelser i det övergivna Palestina, landet där ingen på den tiden ville bo. Från att ha varit utspridda över hela Östeuropa, Ryssland och resten av världen började judarna strömma till ett land fullt av tistlar, fattigdom, svält, sjukdomar och plågor. Trots den höga dödligen på grund av malaria och svält förlorade judarna inte sin stora tro eller sina ambitioner utan började bygga kibbutzer (en arbetsplats i Israel där man till exempel arbetar med jordbruk eller fabriksarbete, där arbetarna lever tillsammans och delar på alla uppgifter och inkomster). Precis som den moderna sionismens grundare Theodor Herzl hävdade, "Om du önskar det, är det ingen dröm", blev upprättelsen av Israel en verklighet.

Med rätta ansåg man att upprättelsen av Israel var just en omöjlig dröm att uppnå och ingen var villig att tro på den. Men judarna uppfyllde den drömmen och när staten Israel föddes fick de på ett mirakulöst sätt en egen nation, för första gången på cirka 1 900 år.

Trots århundraden av förföljelse och lidande i sin förskingring till länder som inte var deras eget, hade judarna hållit fast vid sin tro, kultur, och språk och hela tiden utvecklat det. När den moderna staten Israel grundades kultiverade de den ofruktsamma jorden och prioriterade utvecklandet av en mängd industrier som gjort att deras nation rankats som ett i-land, och de är ett stabilt folk som har haft framgång trots konstanta utmaningar och hot mot deras överlevnad som nation.

Efter att jag startade Manmin Centralkyrkan 1982 uppenbarade Gud väldigt mycket om Israel för mig genom den Helige Andes inspiration eftersom Israels oberoende är ett tecken på de sista dagarna och uppfyllandet av den bibliska profetian.

Hör HERRENS ord, ni hednafolk, och förkunna det i kustländerna i fjärran. Säg: "Han som skingrade Israel skall också samla det och bevara det som en herde bevarar sin hjord" (Jeremia 31:10).

Gud har utvalt Israels folk för att uppenbara sin plan genom vilken Han har skapat och kultiverat människan. Först och främst gjorde Gud Abraham till "trons fader" och erkända Jakob, Abrahams sonson som Israels grundare och Gud har fortsatt att proklamera sin vilja för Jakobs efterkommande och uppnå planen för mänsklighetens kultivering.

När Israel trodde på Guds ord och vandrade i enlighet med Hans vilja i lydnad fick folket åtnjuta stor ära och respekt mer än alla andra nationer. När de distanserade sig från Gud och var olydiga mot Honom hamnade dock Israel under en mängd lidande som invadering av främlingar och folket tvingades leva som vagabonder på jordens yta (diaspora).

Men även när Israel mötte svårigheter på grund av sin synd övergav Gud dem aldrig eller glömde dem. Israel har alltid varit förbundet med Gud genom Hans förbund med Abraham och Gud har aldrig upphört att arbeta för dem.

Under Guds extraordinära omsorg och ledning har Israel som folk alltid blivit bevarat, uppnått oberoende och än en gång blivit en nation över alla andra nationer. Hur kunde Israels folk bli bevarat och varför blev Israel upprättat?

Många människor säger, "Att den judiska nationen överlevde

är ett mirakel." Liksom graden av förföljelse och betryck som det judiska folket uthärdade under diasporan var obeskrivligt och bortom all föreställning vittar bara Israels historia om att Bibeln är sann.

Men en mycket värre nöd och ångest än vad judarna fick möta kommer att ske efter Jesu andra tillkommelse. Människor som har accepterat Jesus som sin Frälsare kommer förstås ryckas upp i skyarna och delta i bröllopsfesten tillsammans med Herren. De som inte har accepterat Jesus Kristus som sin Frälsare kommer dock inte att ryckas upp i skyarna då Han återvänder och kommer lida i den stora vedermödan under sju år.

"Se, dagen kommer, den brinner som en ugn. Då skall alla högmodiga och alla som handlar ogudaktigt vara som halm. Dagen som kommer skall bränna upp dem, säger HERREN Sebaot, den skall lämna kvar varken rot eller kvist" (Malaki 4:1).

Gud har redan i detalj uppenbarat för mig om de katastrofer som kommer ske under den sjuåriga stora vedermödan. Det är därför som det är min allvarsamma önskan att Israels folk,

Guds utvalda, utan vidare fördröjning ska acceptera Jesus som vandrade på jorden för lite över två tusen år sedan som deras Frälsare, så att ingen av dem ska bli lämnad kvar att lida under den stora vedermödan.

Genom Guds nåd har jag skrivit och dedikerat ett verk till att ge svar på judarnas tusenåriga törst efter Messias och på urgamla frågor som fortfarande ställs.

Må varje läsare av denna bok ta till sig Guds desperata kärleksbudskap i sitt hjärta och utan vidare fördröjning komma för att möta Messias som Gud har sänt för hela mänsklighetens skull!

Jag älskar er var och en av hela mitt hjärta.

November 2007
Vid Getsemane Bönehus
Jaerock Lee

Förord II

Jag ger all tack och ära till Gud för att Han ledde och välsignade oss att publicera *Vakna upp, Israel* i de sista dagarna. Detta verk har publicerats i enlighet med Guds vilja som söker att väcka upp och frälsa Israel, och är sammanställd genom Guds omätliga kärlek som inte vill förlora en enda själ.

Kapitel 1, "Israel: Guds utvalda" utforskar orsakerna till Guds skapelse och kultivering av hela mänskligheten på jorden och till Hans plan genom vilken Han utvalde och styrde Israels folk som sina utvalda genom hela mänsklighetens historia. Kapitlet introducerar även Israels stora förfäder likväl som vår Herre som kom in i denna värld i enlighet med den profetia som hade förutsagt alla människors Frälsarens ankomst genom Davids hus.

Genom att studera de bibliska profetiorna om Messias vittnar kapitel 2, "Guds utsände Messias" om Jesus som Messias vars ankomst Israel fortfarande allvarligt längtar efter och hur Han, i enlighet med lagen om markens friköpande, har alla egenskaper krävs för att bli mänsklighetens Frälsare. Det andra kapitlet undersöker även hur Gamla Testamentets profetior om Messias har uppfyllts av Jesus och relationen mellan Israels historia och Jesu död.

Det tredje kapitlet, "Den Gud som Israel tror på" tittar närmare på Israels folk som strikt lyder lagen och dess stadgar och förklarar för dem vad Gud har behag till. Genom att också påminna dem om att de har distanserat sig från Guds vilja på grund av de äldstes stadgar som de själva har producerat förmanar kapitlet dem också att utgrunda Guds sanna vilja och syfte med att ge dem lagen från början och uppfylla lagen genom kärleken.

I det sista kapitlet "Se och hör!" utforskas vår egen tid som Bibeln har profeterat om som "den sista tiden", likväl som det kommande framträdandet av antikrist och överblicken av den sjuåriga stora vedermödan. Kapitlet uppmanar även Israels folk enträget att inte överge den sista möjligheten till frälsning, genom att berätta om Guds två hemligheter som Han genom sin eviga kärlek till sina utvalda har förberett så att Israels folk skulle nå frälsning i slutet på den mänskliga kultiveringen.

När den första människan Adam begick olydnadens synd och drevs ut från Edens lustgård lät Gud honom bo i Israels land. Sedan dess, genom historien av mänsklighetens kultivering har Gud väntat i årtusenden och väntar fortfarande än idag i hoppet om att få sanna barn.

Det finns ingen mer tid att slösa bort eller förspilla. Må varenda en av er inse att vi i vår tid verkligen befinner oss i de sista dagarna och förbereda oss för att ta emot vår Herre som kommer som kungars Kung och herrars Herre, i Hans namn ber jag uppriktigt.

November 2007
Geum-sun Vin,
Redaktionschef

Innehållsförteckning

Förord I
Förord II

Kapitel 1
Israel, Guds utvalda

>Begynnelsen av mänsklighetens kultivering _ 3
>Stora förfäder _ 18
>Människor som vittnar om Jesus Kristus _ 36

Kapitel 2
Guds utsände Messias

>Gud gav löfte om Messias _ 57
>Messias egenskaper _ 64
>Jesus uppfyller profetiorna _ 79
>Jesu död och profetiorna om Israel _ 87

Kapitel 3
Den Gud som Israel tror på

Lagen och stadgarna _ 95
Guds verkliga syfte med att ge lagen _ 105

Kapitel 4
Se och hör!

Mot den sista tiden i världen _ 125
Tio tår _ 142
Guds osvikliga kärlek _ 154

"Davidsstjärnan", en symbol för det judiska folket på Israels flagga

Kapitel 1
Israel, Guds utvalda

Begynnelsen av mänsklighetens kultivering

Israels store ledare Mose som satte folket fri från Egyptens fångenskap och ledde dem in i det förlovade landet Kanaan och tjänade som Guds ställföreträdare började skriva Guds ord i 1 Mosebok så här:

I begynnelsen skapade Gud himmel och jord (1:1).

Gud skapade himmel och jord och allt som finns på dem på sex dagar, och vilade på, välsignade och helgade den sjunde dagen. Varför skapade Gud Skaparen universum med allt som finns däri? Varför har Han skapat människan och låtit mängder av människor efter Adam leva på jorden?

Gud sökte efter dem med vilka Han kunde dela sin kärlek för evigt

Före himlens och jordens skapelse hade Gud den Allsmäktige existerat i ett obegränsat universum som ljuset vari ljudet var inbäddat. Efter en lång tid av ensamhet önskade Gud att få människor med vilka Han kunde dela kärlek med för evigt.

Gud hade inte bara gudomlig natur som definierade Honom som Skaparen utan också mänsklig natur genom vilken Han kände glädje, ilska, sorg och njutning. Så Han önskade att ge och ta emot kärlek med andra. I Bibeln finns det många referenser som belyser det faktum att Gud har mänsklig natur. Han var nöjd med och hade behag till de rättfärdiga gärningar som Israeliterna gjorde (5 Mosebok 10:15, Ordspråksboken 16:7) men sörjde och blev vred på dem när de syndade (2 Mosebok 32:10, 4 Mosebok 11:1, 32:13).

Det finns tider då varje person längtar efter att få vara för sig själv men man blir gladare och lyckligare om man har en vän som man kan dela sina tankar med. Eftersom Gud har mänsklig natur längtar Han efter dem som Han skulle kunna ge sin kärlek till, vilkas hjärtan han kunde utforska och vice versa.

"Skulle det inte vara glädjefullt och älskvärt att ha barn som kunde utforska mitt hjärta och som jag skulle kunna ge och ta emot kärlek från i detta oändliga och outgrundliga rike?"

Vid tiden för Hans val utarbetade Gud därför en plan för att få sanna barn som skulle ta efter Hans exempel. Mot slutet skapade Gud inte bara den andliga världen utan också den fysiska världen där människan skulle leva.

Somliga funderar, 'Det finns många himmelska härar och änglar i himlen som inte är annat än lydiga. Varför gick Gud igenom besväret med att skapa människan?' Med undantag för några få änglar har dock de flesta av de himmelska varelserna ingen mänsklig natur vilket är det viktigaste av alla element att ha för att kunna ge och ta emot kärlek: fri vilja genom vilken man väljer själv. Dessa himmelska varelser är som robotar; de är lydiga befallningen men utan att känna glädje, vrede, sorg, välbehag, och de kan inte ge och ta emot kärlek som härstammar från djupet av deras hjärtan.

Tänk dig två barn och ett av dem är lydigt och gör allt han blir tillsagd utan att någonsin uttrycka sina känslor, åsikter eller kärlek. Det andra barnet, trots att han gör sina föräldrar besviken då och då i sin fria vilja, ångrar snabbt det han har gjort, håller sig till sina föräldrar utifrån kärlek och uttrycker sitt hjärta på en mängd olika sätt.

Vilken av dessa skulle du föredra? Du skulle förmodligen välja den senare. Även om du hade en robot som gör allt åt dig skulle inte en enda av er föredra att roboten framför dina egna barn. På samma sätt föredrog Gud människan som gladeligen skulle lyda Honom med sina åsikter och känslor framför robotliknande himmelska härar och änglar.

Guds plan för att få sanna barn

Efter att Gud hade skapat den första människan Adam fortsatte Gud att skapa Edens lustgård och lät honom råda över den. Allt fanns i överflöd i Edens lustgård och Adam rådde över allt med den fria viljan och auktoriteten som Gud hade gett honom. Men det var en sak som Gud förbjöd honom att göra.

Och HERREN Gud gav mannen denna befallning: "Du kan fritt äta av alla träd i lustgården, men av trädet med kunskap om gott och ont skall du inte äta, ty den dag du äter av det skall du döden dö" (1 Mosebok 2:16-17).

Det var ett system som Gud fastslog mellan Gud Skaparen och den skapade mänskligheten, och Han ville att Adam skulle lyda Honom med sin fria vilja och från djupet av sitt hjärta. Men efter att en lång tid hade passerat misslyckades Adam med att komma ihåg Guds ord och begick olydnadens synd genom att äta från trädet med kunskap om gott och ont.

I 1 Mosebok finns en scen där ormen som blivit intagen av Satan frågar Eva, "Har Gud verkligen sagt: Ni får inte äta av alla träd i lustgården?" (v. 1) Eva svarade, "om frukten som står mitt i lustgården har Gud sagt: 'Ät inte av den och rör inte vid den, ty då kommer ni att dö'" (v. 3).

Gud hade tydligt sagt till Eva, "Den dagen ni äter från det kommer ni att döden dö", men hon ändrade Guds befallning och sa, "kommer ni att dö."

När ormen insåg att Eva inte hade tagit Guds befallning till sitt hjärta blev den mer aggressiv i sin frestelse. "Ni skall visst inte dö!", sa den till Eva. Den tillade, "Men Gud vet att den dag ni äter av den skall era ögon öppnas, så att ni blir som Gud med kunskap om gott och ont" (v. 5).

När Satan hade blåst in girighet i kvinnans sinne började trädet med kunskap om gott och ont se annorlunda ut i hennes ögon. Trädet såg gott ut att äta av och var en fröjd för ögat och trädet var lockande eftersom man fick förstånd av det. Eva åt dess frukt och gav en del till sin man som också åt av det.

Detta visar hur Adam och Eva begick synden av att vara olydig mot Guds ord och fick visst möta döden (1 Mosebok 2:17).

Ordet "död" handlar inte om den köttsliga döden då andningen upphör i människokroppen utan om andlig död. Efter att ha ätit av trädet med kunskap om gott och ont födde Adam barn och dog vid en ålder av 930 år (1 Mosebok 5:2-5). Av detta förstår vi att "död" inte betyder fysisk död.

Människan blev ursprungligen skapad som en blandning av ande, själ och kropp. Genom anden kunde han kommunicera med Gud; själen som var under andens kontroll; och kroppen var som en sköld för både anden och själen. När han övergav Guds befallning och begick en synd dog anden och dess kommunikation med Gud blev också avbruten och det är denna "död" som Gud talade om i 2 Mosebok 2:17.

Efter att de hade syndat drevs Adam och Eva ut ur den underbara och överflödande Edens lustgård. Då började mänsklighetens lidande. Smärtan i barnafödandet blev enormt utökad för kvinnan som nu skulle ha sin lust i sin man och bli styrd av honom, medan mannen skulle äta från jorden som förbannats med möda så länge han levde (1 Mosebok 3:16-17).

Om detta säger 1 Mosebok 3:23 oss, *"Och HERREN Gud sände bort dem från Edens lustgård för att de skulle bruka jorden som de tagits ifrån."* Här syftar orden "bruka jorden" inte bara på mannens hårda arbete för att kunna äta från jorden utan också på det faktum att han – som formats av stoftet från jorden – också skulle "kultivera sitt hjärta" medan han levde på jorden.

Kultiveringen av mänskligheten börjar med Adams synd

Adam skapades som en levande varelse och hade ingen ondska i sitt hjärta så han behövde inte kultivera sitt hjärta. Men efter att han hade syndat hade hans hjärta smetats in i osanning och då behövde han kultivera sitt hjärta till att bli ett rent hjärta som det hade varit innan han syndade.

Därför var Adam tvungen att kultivera sitt hjärta som hade korrumperats av osanningar och synder till ett rent hjärta och bli ett sant Guds barn efter att han hade syndat. När Bibeln säger, "Gud sände honom ut ur Edens lustgård för att han skulle bruka jorden från vilken han tagits från" är det en hänvisning till att Guds kultivering av mänskligheten startade.

Traditionellt sett betyder "kultivering" den procedur som bonden gör för att så säd, ta hand om sin gröda, och skörda dess frukt. För att kunna "kultivera" mänskligheten på jorden och få god frukt, Guds sanna barn, sådde Gud den första säden, Adam och Eva. Genom Adam och Eva som hade varit olydiga mot Gud skulle ett oändligt antal barn bli födda och genom Guds kultivering av mänsklighetens skulle oändligt antal bli födda på nytt som Guds barn genom att kultivera sina hjärtan och återfå den förlorade Gudsbilden.

Därför innebär "Guds kultivering av mänskligheten" hela processen genom vilken Gud tar hand om och styr mänsklighetens historia, från deras skapelse till domen, för att kunna vinna sina sanna barn.

Precis som en bonde övervinner översvämning, torka, frost, hagel och skadedjur efter att han först har sått säden men till slut skördar en underbar, behaglig frukt har Gud allt under kontroll för att vinna sanna barn som kommer fram efter att ha gått igenom död, sjukdom, splittring och andra typer av lidande i sina liv i denna värld.

Orsaken till att Gud placerade trädet med kunskap om gott och ont i Edens lustgård

En del människor frågar, "Varför placerade Gud trädet med kunskap om gott och ont genom vilket människan syndade och leddes mot förgörelsen"? Orsaken till att Gud placerade trädet med kunskap om gott och ont är dock på grund av Guds underbara plan genom vilken Han skulle leda människan till att bli medveten om "relativiteten."

De flesta människor antar att Adam och Eva inte var annat än lyckliga i Edens lustgård eftersom det inte fanns några tårar, ingen sorg eller sjukdom och inget lidande i lustgården. Men Adam och Eva visste inte vad sann lycka och kärlek var i Edens lustgård eftersom de inte hade en aning om relativiteten var.

Hur reagerar till exempel två barn som får samma leksak om ett av barnen har vuxit upp i en rik familj och det andra i en fattig familj? Det senare barnet skulle vara tacksammare och glädja sig från djupet av sitt hjärta mer än barnet med rik bakgrund.

Om man ska kunna förstå det sanna värdet av något måste man veta och ha upplevt den fullständiga motsatsen av det. Bara när du har lidit av sjukdom kommer du kunna uppleva det sanna värdet av god hälsa. Bara när du har blivit medveten om döden och helvetet kommer du kunna uppskatta värdet av evigt liv och tacka kärlekens Gud från ditt hjärta för att Han har gett dig den eviga himlen.

I Edens lustgård där allt fanns i överflöd njöt den första människan Adam av allt som Gud hade gett honom, även makten att råda över alla andra varelser. Men eftersom de inte var frukten av hans egen möda och svett kunde Adam inte helt och hållet förstå deras betydelse eller uppskatta Gud på grund av dem. Bara efter att Adam hade drivits in i denna värld och upplevt tårar, sorg, sjukdomar, lidande, olycka och död började han inse skillnaden mellan glädje och sorg och hur värdefull friheten och överflödet som Gud hade gett i Edens lustgård var.

Vilken nytta skulle evigt liv vara för oss om vi inte visste vad glädje och sorg är? Trots att vi möter svårigheter under en kort period kommer våra liv, om vi inser och säger "Detta är glädje!", få mer värde och bli välsignade.

Finns det några föräldrar som inte skulle sända sina barn till skolan utan istället ha dem hemma helt enkelt för att de vet hur svårt det är att studera? Om föräldrarna verkligen älskar sina barn sänder de sina barn till skolan och låter dem studera svåra saker på ett noggrant sätt och uppleva olika saker så att de kan bygga en bättre framtid.

Guds hjärta, som skapade mänskligheten och har kultiverat dem, är exakt likadant. Av samma orsak placerade Gud trädet med kunskap om gott och ont, stoppade inte Adam från att äta av trädet i sin fria vilja, och lät honom uppleva glädje, vrede, sorg och njutning under den mänskliga kultiveringen. Detta för att människan endast kan älska och tillbe Gud, som själv är kärlek och sanningen, från djupet av sitt hjärta efter att hon har upplevt relativiteten och förstått vad sann kärlek, glädje och tacksamhet är.

Genom den mänskliga kultiveringen ville Gud få sanna barn som hade kommit att förstå Hans hjärta och tagit efter det, för att leva med dem i himlen och få dela evig och sann kärlek med dem för evigt.

Kultiveringen av mänskligheten börjar i Israel

När den första människan Adam drevs ut från Edens lustgård efter att ha varit olydig mot Guds ord, fick han inte rätten att välja det land där han skulle slå sig ner utan istället avdelade Gud ett område för honom. Det området var Israel.

I detta fanns Guds vilja och plan inbäddad. Efter att ha startat den stora planen med den mänskliga kultiveringen utvalde Gud folket Israel som en modell för den mänskliga kultiveringen. På grund av det lät Gud Adam leva ett nytt liv i det land där Israels nation skulle byggas.

Allt eftersom tiden gick skapades många nationer av Adams efterkommande och nationen Israel byggdes upp under Jakobs tid, en avkomma till Abraham. Genom Israels historia önskade Gud att uppenbara sin härlighet och sin omsorg i kultiveringen av mänskligheten. Det var inte bara till för israeliterna utan för alla folk på hela jorden. Därför är Israels historia som Gud själv har haft kontrollen över inte bara en historia om ett folk utan ett gudomligt budskap till hela mänskligheten.

Varför utvalde då Gud Israel som modellen för mänsklighetens kultivering? Det berodde på deras utmärkta karaktär, med andra ord, deras excellenta inre varelse.

Israel är en avkomma från "trons fader" Abraham som Gud hade behag till, och också en avkomma till Jakob som var så ihärdig att han kämpade med Gud och segrade. Det är därför Israels folk aldrig förlorade sin identitet ens efter att de hade förlorat sitt hemland och i århundranden levde som hemlösa vandrare.

Trots allt har Israels folk bevarat Guds ord som blivit profeterat genom gudsmän i tusentals år och har levt efter det. Det har naturligtvis funnits tider då hela nationen drog sig undan Guds ord och syndade mot Honom men till slut omvände folket sig och kom tillbaka till Gud. De har aldrig förlorat sin tro på HERREN Gud.

Upprättelsen av ett oberoende Israel på 1900-talet visar tydligt det slags hjärta som folket har som Jakobs efterkommande.

Hesekiel 38:8 säger oss, *"Efter lång tid skall du kallas till tjänst. I kommande år skall du tåga in i ett land som har fått ro från svärdet. De som bor där har samlats från många folk upp till Israels berg som länge legat öde. De har förts ut från folken, så att alla nu bor där i trygghet."* Här betyder "kommande åren" den sista tiden då mänsklighetens kultivering närmar sig sitt slut och "Israels berg" betyder Jerusalem som ligger nästan 760 m (2,494 feet) över havsnivån.

När profeten Elia därför säger att många "invånare [kommer] att samlas från de många nationerna till Israels berg" betyder det att israeliterna skulle komma från hela världen och upprätta staten Israel. I enlighet med Guds ord proklamerades Israel, som förstörts av romarna år 70 e Kr, som en självständig stat den 14 maj 1948. Landet hade varit helt värdelöst men idag har israeliterna byggt en stark nation som ingen annan lätt kan överse eller utmana.

Guds syfte med att utvälja israeliterna

Varför påbörjade Gud mänsklighetens kultivering i Israels land? Varför utvalde Gud Israels folk och hade sin hand över Israels historia?

För det första, Gud ville proklamera för alla nationer genom Israels historia att Han är himlens och jordens Skapare, att Han ensam är den sanne Guden och att Han lever. Genom att studera Israels historia kan till och med hedningar på ett enkelt sätt känna Guds närvaro och uppleva Hans omsorg i det att Han styr mänsklighetens historia.

Och alla folk på jorden skall se att du är uppkallad efter HERRENS namn och de skall frukta för dig (5 Mosebok 28:10).

Salig är du, Israel. Vem är dig lik? Du är ett folk, som har sin räddning i HERREN. Han är din skyddande sköld, ditt ärorika svärd. Dina fiender skall visa dig underdånighet, och du skall gå fram över deras höjder (5 Mosebok 33:29).

Guds utvalda, Israel, har varit priviligierade och vi kan på ett enkelt sätt se det i Israels historia.

När Rahab till exempel tog emot de två män som Josua hade sänt för att spionera på Kaanans land sa hon till dem, *"Jag vet att HERREN har gett er detta land och att en skräck för er har fallit över oss, ja, att alla landets invånare bävar för er. Vi har hört hur HERREN lät vattnet i Röda havet torka ut framför er, när ni drog ut ur Egypten, och vad ni gjorde med Sichon och Og, amoreernas båda kungar på andra sidan Jordan, hur ni gav dem till spillo. När vi hörde detta blev våra hjärtan förskräckta, och nu har ingen mod att stå er emot. Ty HERREN, er Gud, är Gud uppe i himlen och nere på jorden"* (Josua 2:9-11).

Under Israels fångenskap i Babylon vandrade Daniel med Gud och kung Nebukadnessar i Babylon fick uppleva den Gud som Daniel vandrade med. Efter att kungen hade upplevt Gud kunde han endast säga, *"Nu prisar, upphöjer och ärar jag, Nebukadnessar, himmelens Konung, ty alla hans gärningar är sanning och hans vägar rätta, och han kan ödmjuka dem som vandrar i högmod"* (Daniel 4:34).

Samma sak hände när Israel var under Persiens styre. När de såg den levande Gudens verk gensvarade de på drottning Esters böner *"många av folken i landet gav sig ut för att vara judar, ty fruktan för judarna hade kommit över dem"* (Ester 8:17).

När till och med hedningarna upplevde den levande Guden som verkade för israeliterna började de frukta och tillbe Gud. Även den kommande generationen kommer att lära känna Guds majestät och tillbe Honom på grund av sådana händelser och tillfällen.

För det andra, Gud utvalde Israel och ledde det som sitt folk för att Han ville att hela mänskligheten skulle inse, genom Israels historia, orsaken till att Han skapade människan och att Han har kultiverat henne.

Gud kultiverar mänskligheten för att Han letar efter att finna sanna barn. Ett sant Guds barn är en som tar efter Gud som är godhetens och kärlekens kärna, och som är rättfärdig och helig. Det beror på att sådana Guds barn älskar Gud och lever efter Hans vilja.

När Israel levde efter Guds befallningar och tjänade Honom, satte Han dem över alla människor och nationer. Motsatsen skedde när Israels folk tjänade avgudar och övergav Guds befallningar. Då blev de utsatta för alla slags plågor och nöd som krig, naturkatastrofer och till och med fångenskap.

Genom varje steg i processen lärde israeliterna sig att ödmjuka sig inför Gud, och varje gång de ödmjukade sig upprättade Gud dem på grund av sin stora barmhärtighet och kärlek och förde dem in i sina nådefulla armar.

När kung Salomo älskade Gud och höll Hans befallningar fick han njuta av stor härlighet och ära men när kungen började dra sig undan från Gud och tjäna avgudar försvagades den härlighet och ära han njutit av. När Israels kungar som David, Josafat och Hiskia vandrade i Guds lag var landet mäktigt och utvecklades, men det var svagt och till föremål för främmande invasioner när kungar regerade som förkastade Guds vägar.

Israels historia visar på detta sätt tydligt Guds vilja och tjänar som en spegel som reflekterar Guds vilja för alla folk och nationer. Han proklamerar att när människor formade till Guds avbild och likhet håller Hans befallningar och blir helgade i enlighet med Hans ord kommer de ta emot Guds välsignelser och leva i Hans favör.

Israel utvaldes för att uppenbara Guds plan för alla nationer och folk, och har tagit emot en enorm välsignelse genom att tjäna Honom som en prästerlig nation, som Guds ords bärare. Även när folket syndade förlät Gud dem deras synder och upprättade dem så länge de omvände sig med ett ödmjukt hjärta, precis som Han hade lovat deras förfäder.

Den största välsignelse Gud hade lovat och tänkt för sina utvalda var det enorma härlighetsfulla löftet om att Messias skulle komma från dem.

Stora förfäder

Genom hela mänsklighetens långa historia har Gud beskyddat Israel under sina vingar och sänt gudsmän i sin utvalda tid så att Israels namn inte skulle försvinna. Gudsmän var de som trädde fram som riktig frukt i enlighet med Guds plan i sin kultivering av mänskligheten och de förblev i Guds ord av kärlek till Honom. Gud lade grunden till nationen Israel genom Israels stora förfäder.

Abraham, trons fader

Abraham blev erkänd som trons fader genom sin tro och lydnad, och genom honom skulle en stor nation komma. Han föddes för mer än fyra tusen år sedan i Kaldéens Ur och efter att ha blivit kallad av Gud vann han Guds kärlek och erkännande till den grad att han blev Guds vän.

Gud kallade Abraham och gav honom följande löfte:

> *Gå ut ur ditt land och från din släkt och din fars hus och bege dig till det land som jag skall visa dig. Där skall jag göra dig till ett stort folk. Jag skall välsigna dig och göra ditt namn stort, och du skall bli*

en välsignelse (1 Mosebok 12:1-2).

Vid den tidpunkten var Abraham inte längre någon ung man, han saknade arvinge och hade ingen aning om vart han var på väg. Det var inte det lättaste att lyda. Även fast han inte visste var han var på väg gick Abraham vidare eftersom han litade fullständigt på Guds ord och på Honom som inte bryter sina löften. Abraham vandrade i tro i allt han gjorde, och under hans livstid tog han emot alla de välsignelser som Gud hade lovat honom.

Abraham visade inte bara fullständig lydnad och trosgärningar inför Gud utan sökte också alltid efter godhet och frid med människor runt omkring honom.

När Abraham till exempel lämnat Haran i enlighet med Guds befallning följde hans brorson Lot med honom. När deras ägor blev stora kunde Abraham och Lot inte längre leva i samma land. Det var brist på betesmarker och vatten och det ledde till strider mellan Abrahams boskapsherdar och Lots (1 Mosebok 13:7). Trots att Abraham var betydligt äldre sökte han inte eller insisterade på att få sin rättighet. Han överlämnade valet av land till sin brorson Lot. Han sa till Lot i 1 Mosebok 13:9 *"Ligger inte hela landet öppet för dig? Skilj dig från mig. Vill du åt vänster så går jag åt höger, och vill du åt höger så går jag åt vänster."*

Och på grund av att Abraham var en man med ett rent hjärta tog han inte ens en tråd eller en sandalrem eller annat som tillhörde någon annan (1 Mosebok 14:23). När Gud berättade för honom att städerna Sodom och Gomorra som drunknade i synd skulle förgöras bönfallde Abraham, en man med andlig kärlek, till Gud och tog emot Hans ord att Han inte skulle förgöra Sodom om det fanns tio rättfärdiga människor i den staden.

Abrahams godhet och tro var fullkomlig till den grad att han lydde Guds befallning som sedan gjorde anspråk på hans ende sons liv som ett brännoffer.

I 1 Mosebok 22:2 befallde Gud Abraham, *"Tag din son Isak, din ende son, som du älskar, och gå till Moria land och offra honom där som brännoffer på ett berg som jag skall visa dig."*

Isak var en son som fötts åt Abraham när han var hundra år gammal. Före Isaks födelse hade Gud redan talat om för Abraham att den som skulle komma från hans egen kropp skulle bli hans arvinge och att hans efterkommandes antal skulle vara lika många som stjärnorna. Om Abraham hade följt köttsliga tankar skulle han inte kunnat lyda Guds befallning och offra Isak. Men ändå lydde Abraham omedelbart utan att fråga efter orsaken.

Efter att ha byggt altaret och i den stund då Abraham sträckte ut sin hand för att slakta Isak ropade Guds ängel till honom och sa, *"'Abraham! Abraham!'* Han svarade: 'Här är jag.' Då sade han: *"Lyft inte din hand mot pojken och gör honom ingenting. Nu vet jag att du fruktar Gud, då du inte ens har undanhållit mig din ende son"* (1 Mosebok 22:11-12). Så välsignad och gripande en sådan scen måste varit.

Eftersom han aldrig förlitade sig på sina köttsliga tankar fanns det ingen konflikt eller ångest i Abrahams hjärta och han kunde bara lyda Guds befallning genom tro. Han satte sin fulla förtröstan på den trofaste Guden som verkligen uppfyller det

Han har lovat, Gud den Allsmäktige som uppväcker från det döda och kärlekens Gud som längtar efter att bara ge goda ting till sina barn. När Abrahams hjärta var lydigt och visade trons gärningar accepterade Gud Abraham som trons fader.

Jag svär vid mig själv, säger HERREN: Eftersom du har gjort detta och inte undanhållit mig din ende son, skall jag rikligen välsigna dig och göra dina efterkommande talrika som stjärnorna på himlen och som sanden på havets strand, och din avkomma skall inta sina fienders portar. I din avkomma skall alla jordens folk bli välsignade, därför att du lyssnade till min röst (1 Mosebok 22:16-18).

Då Abraham hade den nivå av godhet och tro som behagar Gud blev han kallad Guds "vän" och ansågs vara trons fader. Han blev också fader till alla nationer och källan till välsignelser precis som Gud lovade honom när Han först kallade på honom, *"Jag skall välsigna dem som välsignar dig och förbanna den som förbannar dig. I dig skall alla släkter på jorden bli välsignade"* (1 Mosebok 12:3).

Guds plan genom Jakob, Israels fader, och drömmaren Josef

Isak föddes åt trons fader Abraham och de två sönerna Esau och Jakob föddes åt Isak. Gud utvalde Jakob vars hjärta var större än hans brors, redan när han var i sin mammas livmoder. Jakob skulle sedermera kallas "Israel" och blev grundaren till nationen Israel och fader till de tolv stammarna.

Jakob längtade ivrigt efter Guds välsignelser och andliga ting till den grad att han köpte sin broder Esaus förstfödslorätt för en linssoppa och roffade åt sig Esaus välsignelser genom att lura sin far Isak. Jakob hade lögnaktiga drag inom sig men Gud visste att när Jakob väl blivit förvandlad skulle han bli ett stort redskap. Med det syftet lät Gud Jakob gå igenom 20 år av prövningar så att hans ego skulle brytas ner och han skulle bli ödmjuk.

Efter att Jakob listigt roffat åt sig sin äldre bror Esaus förstfödslorätt försökte Esau döda honom och Jakob var tvungen att fly bort från honom. Till slut kom Jakob till sin morbror Laban, stannade kvar där och blev en får- och getaherde. Han var tvungen att arbeta hårt för att ta hand om sin morbrors får och getter. Han berättade om det i 1 Mosebok 31:40, *"Om dagen plågades jag av hetta och om natten av köld, och sömnen vek ifrån mig."*

Gud betalar tillbaka varje individ i enlighet med vad han sått. Han såg Jakob i det trofasta arbetet han utförde och välsignade honom med stor rikedom. När Gud sa till honom att återvända till sitt hemland lämnade Jakob Laban och reste hem med sin familj och sina ägodelar. När han nådde floden Jabbok hörde Jakob att hans broder Esau väntade på andra sidan floden med 400 man.

Jakob kunde inte återvända till Laban på grund av det löfte han hade gett sin morbror. Inte heller kunde han gå över floden och mot Esau som kom i brinnande vrede. Han fann sig själv i en prekär situation och kunde inte längre förlita sig på sin egen visdom utan överlämnade allt till Gud i bön. Han gjorde sig av med alla föreställningar om sig själv och ropade ivrigt till Gud i bön till den grad att hans höft gick ur led.

Jakob kämpade med Gud och segrade så Gud välsignade honom och sa, *"Du skall inte längre heta Jakob utan Israel, ty du har kämpat med Gud och med människor och segrat"* (1 Mosebok 32:28). Sedan kunde Jakob också försonas med sin broder Esau.

Orsaken till att Gud utvalde Jakob var för att han var så uthållig och stadig så att han genom prövningar skulle kunna bli ett stort redskap med en viktig roll i Israels historia.

Jakob hade tolv söner och dessa tolv söner lade grunden till nationen Israel. Men eftersom de fortfarande bara var en liten stam planerade Gud att placera dem i fångenskap i Egypten, som var en mäktig nation, till dess att Jakobs efterkommande vuxit till en stor nation.

Denna plan var Guds kärlek som innebar att de skulle beskyddas från andra nationer. Personen som fick denna enorma uppgift var Josef, Jakobs elfte son.

Av sina tolv söner var Jakob anmärkningsvärt partisk mot Josef att han klädde honom i en färgglad rock och så vidare. Josef blev föremål för hans bröders hat och svartsjuka och såldes av sina bröder som slav till Egypten vid en ålder av sjutton år. Men han klagade aldrig eller föraktade sina bröder.

Josef såldes till Potifars hus, Faraos hovman, chef över

livvakterna. Där arbetade han noggrant och trofast och vann favör och Potifars förtroende. Därför blev Josef förman över Potifars hus och betrodd med allt i hushållet.

Ett problem uppstod dock. Josef var stilig och attraktiv och hans herres fru började förföra honom. Josef var stadig i sin tro och fruktade uppriktigt Gud så när hon ville förföra honom sa han modigt till henne, *"hur skulle jag då kunna göra så mycket ont och synda mot Gud?"* (1 Mosebok 39:9).

På grund av hennes obegripliga anklagelser kastades Josef i fängelset där kungens fångar hölls fängslade. Till och med i fängelset var Gud med Josef och med Guds favör på sin sida var Josef snart chef över "det som skulle göras" i fängelset.

Med sådana steg längs vägen kunde Josef få visdom genom vilken han senare kunde leda en nation, kultivera sin politiska ställning och bli ett stort redskap som kunde ta till sig många människor i sitt hjärta.

Efter att han hade tolkat Faraos drömmar och till och med kommit med visa lösningar på problemen som Farao och hans folk skulle ställas inför blev Josef Egyptens ledare näst efter Farao. På det sättet, genom Guds djupa omsorg och genom dessa prövningar som han fick gå igenom placerade Gud Josef i viceledarposition vid en ålder av 30, i en av världens mest mäktigaste nationer på den tiden.

Precis som Josef förutsåg Faraos drömmar drabbades Mellanöstern inklusive Egypten av sju års hungersnöd, och, eftersom han redan hade förberett sig och landet för en sådan situation kunde Josef befria alla egyptier. Josefs bröder kom till Egypten för att finna mat och återförenades med sin bror och snart flyttade resten av familjen till Egypten där de levde i överflöd och beredde vägen för nationen Israels födelse.

Mose: En stor ledare som gjorde uttåget till en verklighet

Efter att Israels efterkommande slagit sig till ro i Egypten växte de till i antal och i framgång och snart var de ett stort och oräkneligt folk, tillräckligt för att skapa en egen nation.

När en kung som inte kände till Josef trädde till makten började han vaka över Israels efterkommandes framgångar och styrkor. Kungen och hans arbetsfogdar började snart göra israeliternas liv bittert med hårt arbete med murbruk och lera och med allt arbete på fältet, ja med alla slags arbeten som de tvingade dem att utföra (2 Mosebok 1:13-14).

"Men ju mer man plågade dem, desto mer förökade de sig och desto mer spred de ut sig, så att man hyste fruktan för Israels barn" (2 Mosebok 1:12). Farao beordrade snart att alla israeliska gossebarn skulle dödas vid födelsen. När Gud hörde israeliternas rop om hjälp på grund av sin fångenskap kom Gud ihåg sitt förbund med Abraham, Isak och Jakob.

Det land där du bor som främling, hela Kanaans land, skall jag ge dig och dina efterkommande till egendom för evigt. Och jag skall vara deras Gud (1 Mosebok 17:8).

Det land som jag har givit åt Abraham och Isak ger jag till dig. Och åt dina efterkommande skall jag ge detta land (1 Mosebok 35:12).

För att kunna leda Israels söner ut ur deras lidande och föra dem in i Kanaans land tränade Gud en man som villkorslöst skulle lyda Hans befallningar och leda Hans folk med Hans hjärta.

Den personen var Mose. Hans föräldrar gömde honom under tre månader efter hans födsel men när de inte längre kunde gömma honom lade de honom i en flätad korg och placerade den bland vasstråna vid Nilens flodbank. När Faraos dotter upptäckte barnet i den flätade korgen och beslutade att behålla honom som sin egen, rekommenderade barnets syster som hade stått på avstånd för att se vad som skulle hända med barnet, att Faraos dotter skulle anställa Moses biologiska mamma som amma.

Så kom det sig att Mose växte upp i det kungliga palatset och genom sin biologiske mor växte han upp och fick på ett naturligt sätt lära sig om Gud och israeliterna, hans eget folk.

Så en dag såg han en hebré, en från hans eget folk bli misshandlad av en egyptier, och i sin ilska slutade det med att han dödade egyptiern. När detta blev känt flydde Mose från Farao och bosatte sig i Midjans land. Han blev fåraherde under 40 år och det var en del av Guds plan som ville pröva och träna Mose till att bli uttågets ledare.

När tiden var inne som Gud hade valt, kallade Han Mose och befallde honom att leda israeliterna ut ur Egypten och in i Kanaans land, ett land som flyter av mjölk och honung.

Eftersom Farao hade ett förhärdat hjärta lyssnade han inte på befallningen från Gud genom Mose. Det ledde till att Gud släppte lös de 10 plågorna över Egypten och med tvång förde ut israeliterna ut Egyptens land.

Bara när Faraos son, alla förstfödda, hade dött böjde Farao och hans folk sina knän inför Gud och Israels folk kunde bli frisläppta från sin fångenskap. Gud själv ledde israeliterna steg för steg. Han delade Röda Havet så att de kunde gå över på torr mark. När de inte hade vatten att dricka lät Gud vatten springa fram från en klippa och när de inte hade någon mat sände Gud manna och vaktlar. Gud gjorde dessa mirakler och under genom Mose för att miljoner israeliter skulle överleva i ödemarken i 40 år.

Gud den Trofaste ledde Israels folk in i Kanaans land genom Josua, Moses efterträdare. Gud hjälpte Josua och hans folk att gå över Jordan genom Guds väg och lät dem segra över staden Jeriko. Och i sitt eget sätt lät Gud dem övervinna och inta större delen av Kanaans land som flöt av mjölk och honung.

Naturligtvis var intagandet av Kanaan inte bara Guds välsignelse till israeliterna utan också resultatet av Hans domslut mot invånarna i Kanaan som hade blivit korrumperade i synd och ondska. Invånarna i Kanaans land hade blivit väldigt korrumperade och tvingades att bli målet för domen när Han i sin rättvisa lät israeliterna inta landet.

Som Gud sa till Abraham, *"I fjärde släktledet skall de återvända hit"* (1 Mosebok 15:16), lämnade Abrahams efterkommande Jakob och hans söner Kanaan och åkte till Egypten och bosatte sig där och deras efterkommande återvände till Kanaans land.

David etablerar ett starkt Israel

Efter intagandet av Kanaans land styrde Gud över Israel genom domare och profeter under domarnas tidsperiod, och därefter blev Israel ett kungarike. Nationens grund blev lagd genom kung Davids styre, som älskade Gud över allt annat.

I sin ungdom dödade David en stor filisteiskt krigsman med en slunga och sten och som ett erkännande för hans krigstjänst sattes David över kung Sauls soldatarmé. När David återvände efter att ha segrat över filistéerna sjöng och spelande många kvinnor och sa, "Saul har slagit sina tusen, David sina tiotusen." Och alla israeliter började älska kung David. Kung Saul blev svartsjuk och började tänka ut planer på att döda David.

Mitt i Sauls desperata förföljelse mot David fick David två möjligheter att döda kungen men vägrade att döda den kung som blivit smord av Gud själv. Han gjorde enbart gott mot kungen. Vid ett tillfälle böjde David sitt ansikte till jorden, bugade sig och sade till kung Saul, *"Du har ju nu med egna ögon sett hur jag skonade dig, när HERREN i dag hade gett dig i min hand i grottan och man uppmanade mig att döda dig. Jag tänkte: Jag skall inte räcka ut handen mot min herre. Han är ju HERRENS smorde"* (1 Samuelsboken 24:11).

David som var en man efter Guds hjärta som sökte det goda i allt även efter att han blivit kung. Under sin regeringstid styrde David riket med rättfärdighet och stärkte det. Eftersom Gud vandrade med kung David var han segerrik i sina strider mot grannfolken filistéerna, moabiterna, amalekiterna, ammoniterna, och edomiterna. Han utvidgade Israels territorium och krigsbyten och gåvor utökade rikedomen i Davids kungadöme. Han fick åtnjuta en period av framgång.

David flyttade även Guds förbundsark till Jerusalem, satte upp ordningen för offrandet och styrkte tron på HERREN Gud. Kungen grundade också Jerusalem som rikets politiska och religiösa center och förberedde byggandet av Guds heliga tempel som skulle byggas under hans son kung Salomos regeringstid.

Genom hela Israels historia var det under kung Davids tid som Israel var som mäktigast och starkast, och kung David beundrades mycket av sitt folk och gav storligen äran till Gud. På toppen av detta, hur fantastisk en förfader som David måste ha varit att Messias skulle komma genom hans efterkommande?

Elia ledde israeliternas hjärtan tillbaka till Gud

Kung Davids son Salomo tillbad avgudar mot slutet av sitt liv och riket delades efter hans död. Av Israels tolv stammar formade tio Israels rike i norr medan de övriga stammarna formade Juda rike i söder.

I Israel uppenbarade Gud sin vilja för sitt folk genom profeter som Amos och Hosea medan profeter som Jesaja och Jeremia tjänade i Juda. När tiden var inne för Hans utkorelse sände Han sina profeter och genomförde sin vilja genom dem. En av dessa var profeten Elia. Elia tjänade under kung Ahabs regeringstid i Nordriket.

Under Elias tid förde hednadrottningen Isebel in Baal i Israel och avgudadyrkan blev mycket utbredd i riket. Första uppdraget profeten Elia fick var att säga till kung Ahab att det inte skulle regna i Israel på tre och ett halvt år som ett resultat av Guds dom över deras avgudadyrkan.

När profeten fick veta att kungen och drottningen ville döda honom flydde han till Sarefat som tillhörde Sidon. Han fick ett stycke bröd av en änka där och som tack för hennes tjänst manifesterade Elia en underbar välsignelse över änkan. Hennes mjöl tog inte slut och inte heller oljan i hennes kruka till dess hungersnöden var över. Vid ett senare tillfälle väckte Elia också upp änkas son från det döda.

På berget Karmel stred Elia mot Baals fyrahundra femtio profeter och Aseras fyrahundra profeter och kallade ner Guds eld från himlen. Elia byggde åter upp Guds altare som blivit nerrivet, hällde vatten på brännoffret och altaret och bad innerligt till Gud för att kunna vända israeliternas hjärtan bort från avgudarna och leda dem tillbaka till Gud.

"Då tiden var inne att frambära matoffret, trädde

profeten Elia fram och sade: 'HERRE, Abrahams, Isaks och Israels Gud, låt det bli känt i dag att det är du som är Gud i Israel, att jag är din tjänare och att det är på din befallning jag har gjort allt detta. Svara mig, HERRE, svara mig, så att detta folk förstår att det är du HERRE som är Gud, och omvänd du deras hjärtan.' Då föll HERRENS eld ner och förtärde brännoffret, veden, stenarna och jorden och torkade upp vattnet som fanns i diket. När allt folket såg detta, föll de ner på sina ansikten och sade: Det är HERREN som är Gud! Det är HERREN som är Gud!" (1 Kungaboken 18:36-39).

Han fick det även att regna från himlen efter tre och ett halvt års torka, gick över floden Jordan som om han gick på torr mark och profeterade om sådant som skulle komma. Elia vittnade tydligt om den levande Guden genom att manifestera Hans förunderliga kraft.

I 2 Kungaboken 2:11 står det, *"Medan de [Elia och Elisa] gick och samtalade, se, då kom en vagn av eld med hästar av eld och skilde de båda från varandra. Och Elia for i stormvinden upp till himlen."* Eftersom Elia behagade Gud genom sin tro till den yttersta graden och tog emot Hans kärlek och erkännande fick profeten fara upp till himlen utan att möta döden.

Daniel uppenbarar Guds härlighet till nationerna

Tvåhundra femtio år senare, ca 605 f Kr, i kung Jojakims tredje regeringsår belägrades Jerusalem av kung Nebukadnessar från Babel och många från den kungliga släkten i Juda rike tillfångatogs.

Som en försoningshandling befallde kung Nebukadnessar sin förste hovmarskalk Aspenas att från Israels barn låta hämta unga män av kunglig släkt eller av förnäm börd, sådana som inte hade något kroppsligt lyte utan vackra att se på, och som skulle kunna tillägna sig all slags lärdom, vara kloka, ha lätt för att lära och vara dugliga i kungens palats. Kungen befallde honom att undervisa dem i kaldéernas språk och litteratur och bland dessa unga män fanns Daniel (Daniel 1:3-4).

Men Daniel hade bestämt sig för att inte orena sig med kungens mat eller med vinet som han drack, och bad förste hovmarskalk om att han inte skulle tvingas att orena sig själv (Daniel 1:8).

Trots att han var en krigsfånge fick Daniel ta emot Guds välsignelser eftersom han fruktade Honom på alla livets områden. Gud gav Daniel och hans vänner kunskap och insikt i all slags skrift och visdom. Daniel förstod till och med alla slags syner och drömmar (Daniel 1:17).

Det var därför han fortsatte att få nåd och erkännande från kungarna trots att rikena förändrades. Kung Darejaves av Persien lade märke till Daniels övermåttan höga ande och övervägde att sätta honom över hela riket men då fanns det en grupp andra furstar och satraper som blev avundsjuka på Daniel. De försökte hitta något att anklaga Daniel för i det som angick riket eller för någon annan slags brottslighet.

När de fick veta att Daniel bad till Gud tre gånger om dagen, skyndade furstarna och satraperna sig inför kungen och uppmanade honom att utfärda en kunglig förordning om att vem som helst som ber till någon annan gud eller människa förutom kungen under en månads tid skulle kastas i lejongropen. Daniel vacklade inte ens när det var risk för att få dåligt rykte, förlora sin höga position och till och med hans liv i lejongropen utan fortsatte att be, vänd mot Jerusalem, som han hade gjort tidigare.

På kungens order kastades Daniel i lejongropen men Gud sände sin ängel och stängde till lejonens gap och Daniel skadades inte. När kung Darejaves hörde detta skrev han till alla folk och stammar och tungomål som fanns på hela jorden och lät dem sjunga lovsånger och ge äran till Gud:

> *Härmed befaller jag att man inom hela mitt rikes område skall bäva och frukta för Daniels Gud. Ty han är den levande Guden, som evigt förblir. Hans rike kan inte förgöras, hans välde har inget slut. Han befriar och räddar, han gör tecken och under i himlen och på jorden, han som har befriat Daniel ur lejonens våld* (Daniel 6:26-27).

Inga böcker skulle kunna rymma beskrivningarna om de

trosgärningar som trons förfäder gjorde liksom de redan tidigare nämnda. Människor som Gideon, Barak, Simson, Jefta, Samuel, Jesaja, Jeremia, Hesekiel, Daniels tre vänner, Ester, och alla profeterna som Bibeln talar om som var stora i Gud.

Stora förfäder för alla jordens folk

Från nationen Israels första dagar drog Gud personligen upp deras färdväg och kurs i historien. Varje gång som Israel hamnade i kriser befriade Gud dem genom de profeter som Han hade förberett, och styrde Israels historia.

Till skillnad från alla andra folk har Israel historia utvecklats i enlighet med Guds omsorg ända sedan Abrahams dagar och kommer att fortsätta att utvecklas i enlighet med Guds plan till tidens slut.

I sin omsorg och plan utvalde och använde Gud inte trons förfäder bland Israels folk bara för de utvaldas skull utan också för alla folk överallt, som tror på Gud.

Av Abraham skall det ju bli ett stort och mäktigt folk, och i honom skall alla folk på jorden bli välsignade (1 Mosebok 18:18).

Gud vill att "alla folk på jorden" ska bli Abrahams barn genom tro och ta emot Abrahams välsignelser. Han har inte bara välsignelser förbehållet israeliterna, sina utvalda utan Gud lovade Abraham i 1 Mosebok 17:4-5 att han skulle bli fader till många folk och i 1 Mosebok 12:3 att genom hans säd skulle alla släkten på jorden bli välsignade.

Genom Israels historia har också Gud öppnat en väg genom vilken alla folk på jorden skulle komma att lära känna att bara HERREN Gud är den sanne Guden, tjäna Honom och bli Hans sanna barn som älskar Honom.

Jag låter mig sökas av dem som inte frågade efter mig, jag låter mig finnas av dem som inte sökte mig. Till ett folk som inte åkallade mitt namn sade jag: 'Här är jag, här är jag' (Jesaja 65:1).

Gud grundlade Israels historia med stora förfäder och har personligen lett och styrt den för att kunna låta både hedningar och israeliterna, Hans utvalda, ropa på Hans namn. Gud hade hittills uppnått den mänskliga kultiveringen i Israel, men nu tänkte Han ut en annan vidunderlig plan så att Han skulle kunna tillämpa försynen i den mänskliga kultiveringen på hedningarna också. När tiden Han bestämt därför var inne sände Han sin Son till landet Israel inte bara som Israels Messias utan som hela mänsklighetens Messias.

Människor som vittnar om Jesus Kristus

Genom hela den mänskliga kultiveringens historia har Israel alltid varit i centrum av uppfyllandet av Guds plan. Gud uppenbarade sig själv för trons fäder, lovade dem vad som skulle ske, och uppfyllde precis vad Han hade lovat. Han sade också till israeliterna att Messias skulle komma från Juda stam och Davids hus och skulle frälsa alla jordens folk.

Därför väntade Israel på Messias som hade blivit utlovad i det Gamla Testamentet. Messias är Jesus Kristus. Människor inom judaismen har förstås inte erkänt Jesus som Guds Son och Messias utan väntar fortfarande på Hans ankomst.

Men den Messias som Israel väntar på och den Messias som resten av detta kapitel handlar om är samma Messias.

Vad säger människor om Jesus Kristus? Om du undersöker profetiorna om Messias och deras uppfyllande, och Messias egenskaper, kan du bara bekräfta det faktum att den Messias som Israel så länge har väntat på inte är någon annan än Jesus Kristus.

Paulus, den som förföljde Jesus Kristus, blir Hans apostel

Paulus föddes i Tarsus, Cilicien, i dagens Turkiet, för ungefär 2,000 år sedan, och hans namn vid födseln var Saul. Saul blev omskuren på den åttonde dagen efter födseln, var av Israels folk och Benjamins stam, och en hebré född av hebréer. Saul var i fråga om rättfärdighet, den som vinns genom lagen, en oklanderlig man. Han utbildades under Gamaliel, en laglärare som var aktad av allt folket. Han levde enligt sina fäders lag och hade medborgarskap i det romerska imperiet som var det mäktigaste landet i världen på den tiden. Med andra ord fanns det ingenting som Saul saknade i köttsliga termer när det gällde hans familj, släkt, kunskap, rikedom eller makt.

Eftersom han älskade Gud över allt annat förföljde han nitiskt Jesu Kristi efterföljare. Det berodde på att när han hörde hur kristna hävdade att den korsfäste Jesus var Guds Son och Frälsaren och att Jesus hade uppstått på den tredje dagen efter Hans begravning ansåg han det vara liktydigt med hädelse mot Gud själv.

Saul ansåg också att Jesu Kristi efterföljare utgjorde ett hot mot den fariseiska judaismen som han så passionerat tillhörde. Därför förföljde Saul outtröttligt och skadade församlingen och ledde förföljelsen mot dem som trodde på Jesus Kristus.

Han fängslade många kristna och röstade för att de skulle dödas. Han straffade också troende i alla synagogor, försökte få dem att häda mot Jesus Kristus där, och fortsatte att förfölja dem till främmande städer.

Sedan gick Saul igenom en betydande händelse genom vilken

hans liv ställdes på sin ända. På sin väg till Damaskus strålade plötsligt ett ljus från himlen runt omkring honom.

"Saul, Saul, varför förföljer du mig?"
"Vem är du, Herre?"
"Jag är Jesus, den som du förföljer."

Saul reste sig upp från marken, men han kunde inte se så männen ledde honom in i Damaskus. Under tre dagar såg han ingenting, och han varken åt eller drack. Efter den här händelsen uppenbarade sig Herren i en vision för en lärjunge som hette Ananias.

Bege dig till den gata som kallas Raka gatan och fråga i Judas hus efter en man som heter Saulus och är från Tarsus, ty se, han ber. Och i en syn har han sett en man som heter Ananias komma in och lägga händerna på honom för att han skall se igen... Gå! Han är ett redskap som jag utvalt för att bära fram mitt namn inför hedningar och kungar och inför Israels barn. Och jag skall själv visa honom, hur mycket han måste lida för mitt namns skull (Apostlagärningarna 9:11-12, 15-16).

När Ananias lade sina händer på Saul och bad var det som om fjäll föll från hans ögon, och han fick sin syn igen. Efter att han mötte Herren insåg Saul sin synd om och om igen, började kalla sig själv för "Paulus", vilket betyder "en liten man." Därefter predikade Paulus frimodigt för hedningarna om den levande Guden och om evangeliet om Jesus Kristus.

Jag vill göra klart för er, bröder, att det evangelium som jag har predikat inte kommer från människor. Jag har inte fått det eller lärt mig det av någon människa. Jag har tagit emot det genom en uppenbarelse från Jesus Kristus. Ni har ju hört hur jag tidigare uppträdde som jude, hur jag ytterst våldsamt förföljde Guds församling och försökte utrota den, och hur jag gick längre i judendom än många jämnåriga i mitt folk. Mer fanatiskt än de ivrade jag för mina fäders stadgar. Men han som utvalde mig redan i moderlivet och som kallade mig genom sin nåd, beslöt att uppenbara sin Son i mig, för att jag skulle predika evangelium om honom bland hedningarna. Jag brydde mig då inte om att genast fråga människor till råds. Jag for inte upp till Jerusalem, till dem som var apostlar före mig, utan jag begav mig till Arabien och vände sedan tillbaka till Damaskus (Galaterbrevet 1:11-17).

Även efter att han mött Herren Jesus Kristus och börjat predika evangelium fick Paulus uthärda alla slags lidanden som inte tillräckligt kan beskrivas med ord. Paulus arbetade mer, satt i fängelse mer, fick hugg och slag i överflöd och ofta svävat i livsfara, genomlidit många sömnlösa nätter i hunger och törst, ofta utan mat, frusen och naken (2 Korinterbrevet 11:23-27).

Med sin status, makt, kunskap och visdom hade Paulus lätt kunna leva ett rikt och bekvämligt liv men han gav upp allt detta och gav allt han hade till Herren.

> *Ty jag är den ringaste av apostlarna. Jag är inte värd att kallas apostel, eftersom jag har förföljt Guds församling. Men genom Guds nåd är jag vad jag är, och hans nåd mot mig har inte varit förgäves, utan jag har arbetat mer än de alla, fast inte jag själv, utan Guds nåd som varit med mig* (1 Korinterbrevet 15:9-10).

Paulus kunde göra detta frimodiga uttalande eftersom han hade en mycket levande erfarenhet av att ha mött Jesus Kristus. Det var inte bara så att Herren mötte Paulus på vägen till Damaskus men Han bekräftade även sin närvaro hos Paulus genom att manifestera förunderliga kraftgärningar.

Gud gjorde extraordinära mirakler genom Paulus händer, så att när näsdukar eller tygstycke som varit i kontakt med Paulus kropp lades på de sjuka, lämnade sjukdomarna och de onda andarna dem. Paulus väckte även en ung man vid namn Eutykus tillbaka till livet efter att han fallit tre våningar och dött. Att få en människa tillbaka till livet är något som är helt omöjligt utan Guds kraft.

Det Gamla Testamentet nämner att profeten Elia uppväckte änkan i Sarefats son tillbaka till livet och profeten Elisa uppväckte den prominenta sunemitiska kvinnans son. Som psalmisten skrev i Psaltaren 62:12, *"En gång har Gud sagt det, två gånger har jag hört det: Hos Gud är makten"*, är Guds makt given till gudsmän.

Under hans tre missionsresor lade Paulus en grund för evangeliet om Jesus Kristus att predikas för alla folk genom att bygga församlingar på många platser i Asien och Europa inklusive Mindre Asien och Grekland. På det sättet öppnades vägen genom vilken evangeliet om Jesus Kristus skulle predikas ut till jordens alla hörn och en myriad av själar bli frälsta.

Petrus manifesterade stor kraft och frälste oräkneligt antal själar

Vad kan vi säga om Petrus som gick i spetsen för att predika evangeliet till judarna? Han var en vanlig fiskare innan han mötte Jesus, men efter att han kallats av Jesus och personligen fått se alla de underbara ting Jesus gjorde blev Petrus en av Hans bästa lärjungar.

När Petrus såg Jesus manifestera kraftgärningar av sådant stort slag att ingen människa någonsin ens skulle kunna imitera det, inkluderat att öppna blindas ögon, resa upp de förlamade, uppväcka de döda, se Jesus göra goda gärningar, och se Jesus övertäcka människors tillkortakommanden och överträdelser, kunde Petrus tro, "Han har verkligen kommit från Gud." I Matteus 16 finner vi hans bekännelse:

Jesus frågade sina lärjungar, *"Vem säger ni att jag är?"* (v.

15) och Petrus svarade, *"Du är Messias, den levande Gudens son"* (v. 16).

Sedan hände något ofattbart med Petrus, som hade gjort ett sådant frimodigt uttalande som ovan. Petrus hade till och med vid den sista måltiden bekänt för Jesus, *"Även om alla andra överger dig, så skall jag inte göra det"* (Matteus 26:33). Men den natt då Jesus tillfångatogs och korsfästes förnekade Petrus att han kände Jesus tre gånger av fruktan för döden.

Efter att Jesus hade uppstått och uppstigit till himlen tog Petrus emot den Helige Ande och blev förvandlad på ett underbart sätt. Han överlämnade varje del av sitt liv till att predika evangeliet om Jesus Kristus utan fruktan för döden. En dag omvände 3,000 människor sig och döptes när han frimodigt vittnade om Jesus Kristus. Till och med inför de judiska ledarna som hotade att döda honom proklamerade han frimodigt att Jesus Kristus är vår Herre och Frälsare.

> *Omvänd er och låt er alla döpas i Jesu Kristi namn, så att era synder blir förlåtna. Då skall ni få den helige Ande som gåva. Ty er gäller löftet och era barn och alla dem som är långt borta, så många som Herren vår Gud kallar* (Apostlagärningarna 2:38-39).

> *Jesus är stenen som ni byggnadsarbetare kastade bort, men som blev en hörnsten. Hos ingen annan finns frälsningen. Inte heller finns det under himlen*

något annat namn, som givits åt människor, genom vilket vi blir frälsta (Apostlagärningarna 4:11-12).

Petrus uppvisade Guds kraft genom att manifestera många tecken och under. I Lydda botade Petrus en man som hade varit förlamad i åtta år, och i den närliggande staden Joppe uppväckte han Tabita som hade blivit sjuk och dött. Petrus gjorde också att en förlamad stod upp och gick, botade människor som led av olika slags sjukdomar, och drev ut demoner.

Guds kraft var med Petrus på ett sådant sätt att människor till och med bar ut de sjuka på gatorna och lade dem på tältsängar och halmmadrasser eftersom de förväntade sig att åtminstone Petrus skugga skulle falla på dem när han kom förbi (Apostlagärningarna 5:15).

Gud uppenbarade även för Petrus genom visioner att evangeliet om frälsning skulle ges till hedningarna. En dag när Petrus gick upp på hustaket för att be kände han sig hungrig och ville äta något. Medan maten gjordes iordning kom Petrus i hänryckning och såg himlen öppna sig och något som såg liknade en stor linneduk kom ner. Där fanns alla slags fyrfotade djur och kräldjur på jorden och fåglar på himlen (Apostlagärningarna 10:9-12).

Sedan hörde Petrus en röst som kom till honom och sade, *"Stig upp, Petrus, slakta och ät!"* (v. 13). Men Petrus sa, *"Nej, nej, Herre! Jag har aldrig ätit något oheligt eller orent"* (v. 14). Då sade en röst för andra gången till honom, *"Vad Gud har förklarat för rent, skall inte du anse vara orent"* (v. 15).

Detta hände tre gånger och sedan togs duken strax upp igen. Petrus kunde inte förstå varför Gud hade befallt honom att äta något som ansågs "orent" i Mose lag. Medan Petrus funderade över visionen sade den Helige Ande till honom, *"Se tre män söker dig. Gå ner och följ med dem utan att tveka för det är jag som har sänt dem"* (Apostlagärningarna 10:19-20). De tre männen kom å hedningen Cornelius vägnar som hade kallat på Petrus att komma till hans hus.

Genom denna vision uppenbarade Gud för Petrus att Han ville att Hans barmhärtighet också skulle predikas för hedningarna, och uppmanade Petrus att sprida evangeliet om Herren Jesus Kristus till dem. Petrus var så tacksam till Herren som älskade honom till slutet och anförtrodde honom med en helig uppgift som sin apostel trots att han hade förnekat Honom tre gånger att han inte höll tillbaka någonting utan ledde många själar till frälsningens väg och dog en martyrs död.

Aposteln Johannes profeterade om de sista dagarna genom uppenbarelsen från Jesus Kristus

Johannes var ursprungligen en fiskare från Galileen men efter att han kallats av Jesus vandrade Johannes alltid med Honom och såg Hans tecken och under. Johannes såg Jesus förvandla vatten till vin vid bröllopet i Kana, att Han botade många sjuka människor inklusive en person som hade varit sjuk i trettioåtta år, drev ut demoner från många och öppnade blindas ögon.

Johannes såg också Jesus gå på vattnet och föra Lasarus tillbaka till livet som hade varit död i fyra dagar.

Johannes var med Jesus när han blev förvandlad (Hans ansikte sken som solen och Hans klädnad blev vit som ljus) och talade med Mose och Elia på Förklaringsbergets topp. Till och med när Jesus tog sitt sista andetag på korset hörde Johannes Jesus säga till jungfrun Maria och honom: *"Kvinna, se din son!" "Se din mor!"*

Med detta tredje ord som Jesus talade på korset tröstade Jesus Maria som hade burit och fött Honom i fysiska termer, men med en andlig betydelse proklamerade Han för hela mänskligheten att alla troende är bröder, systrar och mödrar.

Jesus kallade aldrig Maria för sin "moder." Eftersom Jesus Guds Son till sitt väsen är Gud själv kunde ingen föda Honom och Han kunde inte ha någon moder. Det var för att Johannes skulle tjäna Maria som sin mamma som Jesus sade till honom, "Se din moder!" Från den stunden tog Johannes med Maria hem till sitt hushåll och betjänade henne som sin moder.

Efter Jesu uppståndelse och uppstigande predikade han ihärdigt evangeliet om Jesus Kristus tillsammans med de andra apostlarna trots det konstanta hotet från judarna. Genom deras ivriga förkunnande om evangeliet upplevde de första kristna en spektakulär väckelse men samtidigt var apostlarna hela tiden utsatta för förföljelse.

Aposteln Johannes blev förhörd inför judarnas råd och senare blev han nedsänkt i kokande olja av den romerske kejsaren Domitian. Men Johannes plågades inte alls av det genom

Guds kraft och omsorg, och kejsaren sände honom i exil till den grekiska ön Patmos i Medelhavet. Där talade Johannes med Gud i bön och genom den Helige Andes inspiration och änglars ledning såg han många djupa visioner och skrev ner dessa uppenbarelser från Jesus Kristus.

Detta är Jesu Kristi uppenbarelse, som Gud gav honom för att visa sina tjänare vad som snart måste ske. Han gjorde det känt genom att sända sin ängel till sin tjänare Johannes (Uppenbarelseboken 1:1).

Genom den Helige Andes skrev aposteln Johannes i detalj om de ting som skulle ske i de sista dagarna så att alla människor skulle acceptera Jesus som deras Frälsare och förbereda sig själva på att ta emot Honom som kungars Kung och herrars Herre vid Hans andra tillkommelse.

Den första församlingens medlemmar höll fast vid sin tro

När den återuppståndne Jesus uppsteg till himlen lovade Han sina lärjungar att Han skulle återvända på samma sätt som de sett Honom uppstiga.

De många vittnena till Jesu uppståndelse och uppstigande insåg att de också skulle kunna uppväckas och fruktade inte längre döden. Det var därför de kunde leva sina liv som Hans vittnen trots att de mötte hot och påtryckningar från världens härskare och förföljelse som ofta kostade dem livet. Inte bara Jesu lärjungar som hade tjänat Honom under Hans offentliga tjänst utan också många andra blev byte för lejon i Colosseum i Rom. De blev halshuggna, korsfästa, och brända till aska. Men trots detta höll de fast vid sin tro på Jesus Kristus.

När förföljelsen mot de kristna intensifierades gömde medlemmar ur den första församlingen sig i Roms katakomber, kända som "underjordiska begravningsplatser." Deras liv var eländiga, nästan som om de inte levde alls. Eftersom de hade en passionerad och uppriktig kärlek till Herren var de ändå inte rädda för några prövningar eller lidande.

Innan kristendomen blev officiellt erkänd i Rom var motståndet mot de kristna obeskrivligt hårt och grymt. Kristna fråntogs sitt medborgarskap, Biblar och kyrkor brändes, och kyrkoledare och arbetare arresterades, torterades brutalt och avrättade.

Polycarp i Smyrnaförsamlingen i Mindre Asien hade en personlig gemenskap med aposteln Johannes. Polycarp var en överlåten biskop. När Polycarp arresterades av romerska myndigheter och stod inför guvernören övergav han inte sin tro.

"Jag vill inte förnedra dig. Jag släpper dig om du befaller de kristna att dödas. Förbanna Kristus!"

"Under åttiosex år har jag varit Hans tjänare, och Han

har aldrig gjort något mot mig. Hur kan jag häda min Kung som har frälst mig?"

De försökte bränna honom till döds men eftersom det misslyckades dog Polycarp, biskopen av Smyrna, som en martyr efter att ha blivit knivhuggen till döds. När många andra kristna såg och hörde om Polycarps marscher i tro och hans martyrskap började de förstå Jesu Kristi passion än mer och valde själva att gå på martyrskapets väg.

Israeliter, tänk er för, vad ni är på väg att göra med dessa män. För en tid sedan uppträdde Teudas och gav sig ut för att vara något, och omkring fyra hundra män slöt sig till honom. Men han blev avrättad, och alla som trodde på honom skingrades och det blev ingenting av det hela. Efter honom, vid tiden för skattskrivningen, uppträdde Judas från Galileen. Han fick folk att göra uppror och följa honom. Men också han omkom, och alla som trodde på honom skingrades. Och nu säger jag er: Håll er borta från dessa män och låt dem gå. Ty om detta skulle vara ett påhitt eller ett verk av människor, kommer det att rinna ut i sanden. Men om det är av Gud, kan ni inte slå ner dem. Kanske visar det sig att ni strider mot Gud (Apostlagärningarna 5:35-39).

Som den respekterade Gamaliel uppmanade och påminde

Israels folk kunde evangeliet om Jesus Kristus som kom från Gud själv inte bli stoppat. Slutligen 313 e Kr erkände kejsaren Konstantin kristendomen som en officiell religion i hans rike och evangeliet om Jesus Kristus började predikas över hela världen.

Vittnesbördet om Jesus nerskrivet i Pilatus rapport

Bland historiska dokument från det romerska imperiets tid finns det manuskript om Jesu uppståndelse som Pontius Pilatus, guvernör över den romerska provinsen Juda under Jesu tid, skrev och sände till kejsaren.

Följande är ett utdrag om Jesu uppståndelse från "Pilatus rapport till Caesar om Jesu arrestering, rättegång och korsfästelse" för närvarande bevarad i Hagia Sophia i Istanbul, Turkiet:

> **Några dagar efter att graven befunnits tom proklamerade hans lärjungar över hela landet att Jesus hade uppstått från det döda som Han hade förutsagt. Detta skapade mer uppståndelse än till och med korsfästelsen. Jag kan inte säga med säkerhet om det är sant, men jag har gjort några efterforskningar så du kan undersöka själv, och se om jag kan klandras, som Herodes anser.**
>
> **Josef begravde Jesus i sin egen grav. Om han tänkte på Hans uppståndelse eller tänkte hugga ut en annan åt**

honom, vet jag inte. Dagen efter han hade begravits kom en av prästerna till pretoriet och sa att de oroliga över att hans lärjungar skulle stjäla Jesu kropp och gömma den, och sedan få det att se som att han var uppstånden från det döda, som Han hade förutsagt, och som de var fullkomligt övertygade om.

Jag sände honom till officeren över det kungliga gardet (Malcus) och sa till honom att ta de judiska soldaterna, placera så många som behövdes runt graven; om något skulle hände kunde de beskylla sig själva och inte romarna.

När den stora uppståndelsen uppstod när man funnit graven tom kände jag en djupare ängslan än någonsin. Jag kallade på mannen Islam, som återberättade följande för mig, så vitt jag kan komma ihåg händelserna. De såg ett dämpat och vackert ljus över graven. Han trodde först att kvinnorna hade kommit för att balsamera Jesu kropp, som deras sed var, men han kunde inte se hur de skulle kommit förbi vakterna. Medan dessa tankar passerade hans sinne uppfylldes hela platsen av ett ljus och det verkade finnas mängder av döda i sina gravkläder.

Alla verkade ropa och var i extas medan runt omkring och ovan spelades den vackraste musik han någonsin hade hört och hela luften var fylld av röster som prisade Gud. Vid den här tidpunkten kändes det som om jorden gungade till och snurrade så att han kände sig illamående och svimfärdig och kunde inte längre stå på sina fötter. Han sa att jorden verkade skaka under honom och hans kunde inte längre förstå vad som skedde.

Vi läser i Matteus 27:51-53, *"Jorden skakade och klipporna rämnade, gravarna öppnades, och många heliga som hade insomnat fick liv i sina kroppar. De gick efter hans uppståndelse ut ur gravarna och kom in i den heliga staden och visade sig för många"* att den romerska officeren gav ett identiskt vittnesbörd.

När Pilatus skrivit ner det andliga fenomenet som de romerska vakterna hade sett skrev han i slutet av sin rapport, "Jag är nästan beredd att säga att denne verkligen var Guds Son."

Mängd vittnesbörd om Herren Jesus Kristus

Inte bara Jesu lärjungar som hade tjänat Honom under Hans offentliga tjänst vittnar om evangeliet om Jesus Kristus. Precis som Jesus sa i Johannes 14:13, *"Och vad ni än ber om i mitt namn, skall jag göra, för att Fadern skall bli förhärligad i Sonen. Om ni ber om något i mitt namn, skall jag göra det"* har mängder av människor vittnat om Guds svar på deras böner och vittnat om den levande Guden och Herren Jesus Kristus allt sedan Hans uppståndelse och uppstigande till himlen.

Men när den helige Ande kommer över er, skall ni få kraft och bli mina vittnen i Jerusalem och i hela Judeen och Samarien och ända till jordens yttersta gräns (Apostlagärningarna 1:8).

Jag tog emot Herren efter att ha blivit helad genom Guds kraft från alla mina sjukdomar som den medicinska vetenskapen stod maktlös inför. Senare blev jag smord till att tjäna Herren Jesus Kristus och har predikat evangelium för alla människor och manifesterat tecken och under.

Som utlovat genom ovanstående vers har många människor blivit Guds barn genom att ta emot den Helige Ande och överlåtit sina liv till att predika evangeliet om Jesus Kristus med den Helige Andes kraft. På det sättet har evangeliet spridits över hela världen och mängder av människor möter idag den levande Guden och tar emot Jesus Kristus.

Gå ut i hela världen och predika evangelium för hela skapelsen. Den som tror och blir döpt skall bli frälst, men den som inte tror skall bli fördömd. Tecken skall följa dem som tror detta. I mitt namn skall de driva ut onda andar. De skall tala med nya tungor. De skall ta ormar i händerna, och om de dricker något dödligt gift skall det inte skada dem. De skall lägga händerna på sjuka, och de skall bli friska (Markus

16:15-18).

Den heliga gravens kyrka vid Golgata berg, i Jerusalem

Kapitel 2
Guds utsände Messias

Gud gav löfte om Messias

Israel förlorade ofta sin suveränitet och var tvungna att lida av invasioner och styren som Persien och Rom. Genom sina profeter gav Gud många löften om Messias som skulle komma som Israels kung. Det fanns inget som ingav de plågade israeliterna hopp som dessa Guds löften om Messias.

Ty ett barn blir oss fött, en son blir oss given. På hans axlar vilar herradömet, och hans namn är: Under, Rådgivare, Mäktig Gud, Evig Fader, Fridsfurste. Så skall herradömet bli stort och friden utan slut över Davids tron och hans kungarike. Det skall befästas och stödjas med rätt och rättfärdighet från nu och till evig tid. HERREN Sebaots nitälskan skall göra detta (Jesaja 9:6-7).

Se, dagar skall komma, säger HERREN, då jag skall låta en rättfärdig telning växa upp åt David. Han skall regera som kung och handla med vishet, han skall utöva rätt och rättfärdighet i landet. I hans dagar skall Juda bli frälst och Israel bo i trygghet, och detta är det namn man skall ge honom: HERREN vår rättfärdighet (Jeremia 23:5-6).

Fröjda dig storligen, du Sions dotter! Höj jubelrop, du Jerusalems dotter! Se, din konung kommer till dig, rättfärdig och segerrik är han. Han kommer ödmjuk, ridande på en åsna, på en åsninnas föl. Jag skall utrota vagnar ur Efraim och hästar ur Jerusalem. Stridens bågar skall utrotas, och han skall tala frid till hednafolken. Hans herravälde skall nå från hav till hav, och från floden intill jordens yttersta gränser (Sakarja 9:9-10).

Israel har utan uppehåll väntat på Messias till denna dag. Vad är det som försenar Messias ankomst som Israel så ivrigt väntar på och längtar efter? Många judar vill ha ett svar på denna fråga men svaret ligger i det faktum att de inte vet att Messias redan har kommit.

Jesus Messias led precis som Jesaja hade profeterat

Den Messias som Gud lovade Israel och verkligen sände är Jesus. Jesus föddes i Betlehem i Judéen för ungefär två tusen år sedan och när tiden var inne dog Jesus på korset, uppstod och öppnade vägen till frälsning för hela mänskligheten. Judarna på Hans tid erkände dock inte Jesus som den Messias de hade väntat på. Det berodde på att Jesus var helt annorlunda än den bild de hade av den förväntade Messias.

Judarna blev under långa perioder av kolonialt styre uttröttade och förväntade sig en mäktig Messias som skulle befria dem från deras politiska stridigheter. De trodde att Messias skulle bli Israels kung, få ett slut på alla krig och befria dem från förföljelse och betryck, ge dem sann frid och upphöja dem över alla andra nationer.

Men Jesus kom inte in i den här världen med den härlighet och majestät som anstår en kung utan föddes som en fattig snickarson. Han kom inte ens för att göra Israel fri från det romerska betrycket eller för att upprätta dess forna härlighet. Han kom in i denna värld för att upprätta mänskligheten som var dömd till förgörelse sedan Adams synd och för att göra dem till Guds barn.

På grund av detta erkände inte judarna Jesus som Messias och korsfäste Honom istället. Om vi studerar bilden av Messias som är nedskriven i Bibeln kan vi dock bekräfta att den Messias faktiskt är Jesus.

> *Som en späd planta sköt han upp inför honom, som ett rotskott ur torr jord. Han hade varken skönhet eller majestät. När vi såg honom var hans utseende inte tilldragande. Han var föraktad och övergiven av människor, en smärtornas man och förtrogen med lidande, lik en som man skyler ansiktet för, så föraktad att vi räknade honom för intet* (Jesaja 53:2-3).

Gud sa till israeliterna att Messias, Israels kung, inte skulle ha varken skönhet eller majestät eller ha ett tilldragande utseende utan istället skulle Han vara föraktad och övergiven av människor. Ändå missade israeliterna att känna igenom Jesus som den Messias som Gud hade lovat dem.

Han var föraktad och övergiven av israeliterna, Guds utvalda, men Gud satte Jesus Kristus över alla nationer och mängder av människor har fram till idag accepterat Honom som deras Frälsare.

Som det är skrivet i Psaltaren 118:22-23, *"Den sten som byggnadsarbetarna kastade bort har blivit en hörnsten. HERREN har gjort den till detta, underbart är det i våra ögon"* har planen i mänsklighetens frälsning uppnåtts av Jesus som Israel övergav.

Jesus såg inte ut som den bild Israels folk förväntade sig att se, men vi kan förstå att Jesus är den Messias som Gud profeterade om genom sina profeter.

Allt som Gud lovade oss genom Messias inklusive härlighet, ära och upprättelse gäller den andliga världen och Jesus som kom in i denna värld för att uppfylla Messias uppgift sade, *"Mitt rike är inte av den här världen"* (Johannes 18:36).

Den Messias som Gud profeterade om var inte en kung med världslig makt och härlighet. Messias skulle inte komma till den här världen för att Guds barn skulle få njuta av rikedom, gott rykte, och ära under deras tillfälliga liv i den här världen. Han skulle komma för att frälsa sitt folk från deras synder och leda dem till evig glädje och härlighet i himlen i evigheternas evighet.

Det skall ske på den dagen att hednafolken skall söka Isais rot, där han står som ett baner för folken, och hans boning skall vara härlig (Jesaja 11:10).

Den utlovade Messias skulle inte bara komma för Guds utvalda, israeliterna, utan också för att uppfylla löftet om frälsning för alla som accepterade Guds löfte om Messias genom tro genom att följa i Abrahams tros fotsteg. Kort kan det sägas att Messias skulle komma för att uppfylla Guds löfte om frälsning som alla jordens folks Frälsare.

Behovet av en Frälsare för hela mänskligheten

Varför skulle Messias komma till denna värld bara för att frälsa Israels folk och inte hela mänskligheten?

I 1 Mosebok 1:28 välsignade Gud Adam och Eva och sa till dem, *"Var fruktsamma och föröka er och uppfyll jorden! Lägg den under er och råd över fiskarna i havet, över fåglarna under himlen och över alla djur som rör sig på jorden!"*

Efter att Gud hade skapat den första människan Adam och satt honom som herre över alla andra skapade varelser gav Han människan makten att lägga jorden under sig och råda över den. Men när Adam åt från trädet med kunskap om gott och ont, som Gud särskilt hade förbjudit honom, och begick olydnadens synd på grund av frestelsen från den Satanbesatte ormen, kunde Adam inte längre njuta av sin makt.

När de lydde Guds rättfärdiga ord var Adam och Eva slavar under rättfärdigheten och njöt av den makt som Gud hade gett till dem, men efter att de hade syndat blev de slavar under synden och djävulen, och tvingades att avstå från makten (Romarbrevet 6:16). På så sätt överlämnades all makt som Adam tagit emot från Gud över till djävulen.

I Lukas 4 frestade fienden djävulen Jesus tre gånger som just hade avslutat en 40 dagars fasta. Djävulen visade Jesus alla riken i världen och sa till honom, *"Dessa rikens hela makt och härlighet vill jag ge dig, ty åt mig har den överlämnats och jag ger den åt vem jag vill. Därför skall allt vara ditt, om du tillber mig"* (Luk 4:6-7). Djävulen antyder att makten och härligheten har "överlämnats" åt honom från Adam och djävulen kan också överlämna det till någon annan.

Ja, Adam förlorade all makt och överlämnade den till djävulen, och det resulterade i att han blev djävulens slav. Sedan dess samlade Adam synd på synd under djävulens kontroll och hamnade på dödens väg, vilket är syndens lön. Det här stannade inte med Adam utan påverkade alla hans efterkommande som genetiskt ärvde Adams synd. De lades också under syndens makt som styrdes av djävulen och Satan och var förutbestämda till att dö.

Detta påtalar nödvändigheten av Messias ankomst. Inte bara Guds utvalda folk israeliterna utan också hela världens folk behövde Messias som kunde befria dem från djävulen och Satans makt.

Messias egenskaper

Precis som det finns lagar i den här världen finns det lagar och regler i den andliga världen också. Om en person faller in i döden eller tar emot förlåtelse för sina synder och kommer till frälsningen beror på den andliga världens lag.

Vilka egenskaper måste personen ha för att vara Messias, för att frälsa hela mänskligheten från lagens förbannelse?

Villkoren för Messias finner vi i lagen som Gud gav till sina utvalda, lagen om jordegendomens återlösning.

När ni säljer jord, skall ni inte sälja den för all framtid, ty landet är mitt. Ni är främlingar och gäster hos mig. I hela det land ni får till besittning skall ni medge rätt att köpa tillbaka jordegendom. Om din broder blir fattig och säljer något av sin besittning, skall hans återlösare komma till honom och lösa tillbaka det brodern har sålt (3 Mosebok 25:23-25).

Lagen om jordegendomens återlösning innehåller hemligheten om Messias egenskaper

Israeliterna, Guds utvalda folk, höll sig till lagen. Under

transaktionen av köpande och säljande av land följde de strikt lagen om jordegendomens återlösning som finns nedskriven i Bibeln. Till skillnad från lagar i andra länder fastslog Israels lag tydligt i kontraktet att landet inte skulle säljas permanent utan skulle kunna köpas tillbaka senare. Det krävdes en välbärgad släkting för att återlösa jorden som en familjemedlem hade sålt. Om personen inte hade någon tillräckligt välbärgad släkting som kunde återlösa den men själv hade tjänat tillräckligt för att återlösa jorden tillät lagen att den ursprungliga ägaren till jorden själv skulle få återlösa den.

Hur är då lagen om jordegendomens återlösning i 3 Mosebok tillämpbar när det gäller Messias egenskaper?

För att kunna förstå det här bättre måste vi komma ihåg att människan formades från jordens stoft. I 1 Mosebok 3:19 sade Gud till Adam, *"I ditt anletes svett skall du äta ditt bröd till dess du vänder åter till jorden, ty av den har du tagits. Jord är du, och jord skall du åter bli."* Det står också i 1 Mosebok 3:23, *"Och HERREN Gud sände bort dem från Edens lustgård, för att de skulle bruka jorden som de tagits från."*

Gud sade till Adam, "Jord är du" och "jorden" kännetecknar andligt att människan formades från jordens stoft. Så lagen om jordegendomens återlösning som gäller säljande och köpande av land relaterar till lagen om den andliga världen som gäller mänsklighetens frälsning.

I enlighet med lagen om jordegendomens återlösning äger Gud all jord och ingen människa kan sälja den permanent.

På samma sätt tillhör all auktoritet som Adam fick från Gud ursprungligen Gud och ingen kan därför sälja den permanent. Om någon blev fattig och sålde sitt jordstycke kunde det återköpas när en lämplig person framträdde. På samma sätt var djävulen tvungen att återlämna auktoriteten han hade fått av Adam när en person som kunde återlösa den auktoriteten framträdde.

Baserat på lagen om jordegendomens återlösning förberedde Gud i sin rättvisa och kärlek en person som kunde återta all auktoritet som Adam hade överlämnat åt djävulen. Den personen är Messias, och Messias är Jesus Kristus som har förberetts från evighet och sänts av Gud själv.

Villkoren för Frälsaren och uppfyllelsen i Jesus Kristus

Låt oss undersöka varför Jesus är mänsklighetens Messias och Frälsare baserat på lagen om jordegendomens återlösning.

För det första, precis som återlösaren av jordegendomen måste vara en släkting, måste också Frälsaren vara en människa som kan återlösa mänskligheten från deras synder eftersom människosläktet blev syndare genom den första människan Adams synd. 3 Mosebok 25:25 säger oss, *"Om din broder blir fattig och säljer något av sin besittning, skall hans återlösare komma till honom och lösa tillbaka det brodern har sålt."* Om en person inte längre hade råd att ha kvar sin jordegendom och sålde landet kunde hans närmaste släkting köpa tillbaka landet. På samma sätt är det eftersom den första människan Adam syndade och var tvungen att överlämna den auktoritet som Gud hade givit honom till djävulen måste återköpandet av auktoriteten som överlämnats till djävulen göras av Adams närmaste släkting.

Vi läser i 1 Korinterbrevet 15:21, *"Ty eftersom döden kom genom en människa, så kom också de dödas uppståndelse genom en människa"* försäkrar Bibeln oss att återlösningen av syndare inte kunde uppnås genom änglar eller djur utan endast genom en människa. Mänskligheten var inne på dödens väg på grund av den första människan Adams synd, och någon annan var tvungen att återlösa dem från deras synd, och endast en människa, Adams närmaste släkting, kunde göra detta.

Trots att Jesus hade mänsklig natur likväl som gudomlig natur som Guds Son föddes Han av en människa för att kunna återlösa mänskligheten från deras synder (Johannes 1:14) och växte till. Som människa sov Jesus och kände hunger, törst, glädje och sorg. När Jesus hängde på korset blödde Han och kände smärtan av det.

Även i det historiska sammanhanget finns det ett obestridligt faktum att Jesus kom in i denna värld som en människa. Med Jesu födelse som referenspunkt har hela världshistorien delats in i två delar: "f Kr" och "e Kr." "f Kr", eller "före Kristus" refererar till eran före Jesu födelse och "e Kr" eller "efter Kristus" refererar till tiden efter Jesu födelse. Detta faktum bekräftar att Jesus kom in i den här världen som människa. På det sättet uppfyller Jesus det första villkoret som Frälsare eftersom Han kom till denna värld som en människa.

För det andra, precis som jordegendomens återlösare inte kunde återlösa jorden om han var fattig kan Adams efterkommande inte återlösa mänskligheten från deras synder eftersom Adam syndade och alla hans efterkommande är födda med arvsynden. Personen som skulle vara hela mänsklighetens Frälsare får inte vara en efterkommande till Adam.

Om en bror vill betala tillbaka sin systers eller sin egen skuld kan han själv inte vara i skuld. På samma sätt måste den som återlöser andra från synd själv vara syndfri. Om återlösaren är syndig är han själv slav under synden. Hur kan han då återlösa andra från deras synder?

Efter att Adam begått olydnadens synd har alla hans efterkommande fötts med arvsynden. Därför kan ingen av Adams efterkommande bli Frälsaren.

Köttsligt talat är Jesus en efterkommande till David och Hans föräldrar är Josef och Maria. Men Matteus 1:20 säger till oss, *"Barnet i henne har blivit till genom den helige Ande."*

Orsaken till att varje person är född med arvsynden är för att han ärver sina föräldrars syndfulla natur genom sin fars spermie och mors ägg. Men Jesus blev inte till genom Josefs sperma och Marias ägg utan genom kraften i den Helige Ande. Hon blev gravid innan Josef och hon ens låg tillsammans. Gud den

Allsmäktige kan göra så att ett barn blir till genom kraften i den Helige Ande utan föreningen mellan en spermie och ett ägg.

Jesus bara "lånade" jungfrun Marias kropp. Han blev till genom kraften i den Helige Ande och därför ärvde Han inte någon syndanatur. Eftersom Jesus inte är en efterkommande till Adam och därför är utan arvsynden uppfyller Han också det andra villkoret som Frälsare.

För det tredje, liksom jordegendomens återlösare måste vara förmögen nog att återlösa landet måste hela mänsklighetens Frälsare ha kraft att besegra djävulen och frälsa människosläktet från djävulen.

3 Mosebok 25:26-27 säger oss, *"Om någon inte har någon återlösare, men själv får möjlighet att skaffa vad som behövs för återköp, skall han räkna efter hur många år som gått efter försäljningen och betala lösen för de återstående åren till den han sålde åt. Han skall så återvända till sin egendom."* Om någon med andra ord ska kunna köpa tillbaka egendomen måste han äga tillgångarna som krävs för det.

För att rädda krigsfångar krävs det att den ena parten har kraft att besegra fienden och för att betala tillbaka skuld som andra dragit på sig måste man själv ha tillräckligt med ekonomiska tillgångar. På samma sätt är det med att befria hela mänskligheten från djävulens auktoritet, för att kunna göra rädda dem från djävulen måste Frälsaren ha tillräckligt med kraft för att besegra djävulen.

Innan Adam syndade ägde han makt att styra över alla varelser men efter att han hade syndat blev han själv underställd djävulens makt. Av detta kan vi förstå att kraften för att besegra djävulen kommer från syndfriheten.

Jesus Guds Son var fullständigt utan synd. Eftersom Jesus kom till genom den Helige Ande och inte är en efterkommande till Adam var Han utan arvsynden. Eftersom Han också levde enbart efter Guds lag under hela sitt liv hade Jesus inte begått någon synd. Därför säger aposteln Petrus om Jesus, *"Han hade inte begått någon synd, och svek fanns inte i hans mun. När han blev smädad, smädade han inte igen, och när han led, hotade han inte, utan överlämnade sin sak åt honom som dömer rättvist"* (1 Petrusbrevet 2:22-23).

Eftersom Jesus var utan synd hade Han kraften och auktoriteten att besegra djävulen och makt att frälsa människosläktet från djävulen. Hans oräkneliga manifestationer av mirakulösa tecken och under vittnar om detta. Jesus botade sjuka människor, drev ut demoner, öppnade de blindas ögon och dövas öron, och de förlamade gick. Jesus stillade till och med det stormiga havet och uppväckte döda.

Det faktum att Jesus var utan synd bekräftades bortom allt tvivel genom Hans uppståndelse. I enlighet med den andliga lagen måste syndaren möta döden (Romarbrevet 6:23). Eftersom Han var utan synd lades inte Jesus under dödens makt. Han tog sitt sista andetag på korset och Hans kropp begravdes i graven, men på den tredje dagen uppstod Han.

Kom ihåg att stora trosfäder som Hanok och Elia lyftes upp i himlen levande utan att möta döden eftersom de var utan synd och hade blivit fullständigt helgade. På den tredje dagen efter att Han blivit begravd krossade Jesus djävulen och Satans makt genom sin uppståndelse och blev mänsklighetens Frälsare.

För det fjärde, precis som återlösaren till jordegendomen måste ha kärlek för att återlösa sin släkting måste mänsklighetens Frälsare också ha kärlek genom vilken Han kunde lägga ner sitt liv för andra.

Även om Frälsaren uppfyllt de tre egenskaper och villkor som nämnts tidigare men inte har kärlek skulle Han inte kunna bli mänsklighetens Frälsare. Tänk dig att en bror har en skuld på $100,000 och hans syster är mångmiljonär. Om hon inte älskar honom skulle hon inte betala sin brors skuld och hennes enorma rikedom skulle inte betyda någonting för honom.

Jesus kom till världen som en människa, var inte en efterkommande till Adam, och hade makt att besegra djävulen och frälsa mänskligheten från djävulen eftersom Han var syndfri. Men om Han hade saknat kärlek skulle Jesus inte kunnat återlösa mänskligheten från deras synder. "Jesu återlösning av mänsklighetens synder" betyder att Han skulle ta dödsstraffet åt dem. För att Jesus skulle kunna återlösa mänskligheten från deras synder var Han tvungen att korsfästas som en av de värsta syndarna i världen, att lida all slags hån och förakt, och utgjuta allt sitt vatten och blod och dö. Eftersom Jesu kärlek till mänskligheten var så innerlig att Han var villig att återlösa mänskligheten från deras synder oroade Jesus sig inte för straffet i korsfästelsen.

Varför var Jesus då tvungen att bli upphängd på ett träkors och utgjuta sitt blod för att dö? 5 Mosebok 21:23 säger oss, *"Guds förbannelse är den som har blivit upphängd [på trä]"* och lagen i den andliga världen säger "Syndens lön är döden", därför hängdes Jesus upp på trä för att återlösa hela mänskligheten från syndens förbannelse under vilken de är bundna.

Som det står i 3 Mosebok 17:11, *"Ty kroppens liv är i blodet, och jag har givit er det till altaret, till att bringa försoning för era själar. Det är blodet som bringar försoning genom själen som är i det"* finns det ingen förlåtelse från synder utan utgjutande av blod.

3 Mosebok säger oss också att fint mjöl kunde offras till Gud istället för djurblod. Detta mått gällde dock dem som inte hade råd att offra djur. Det var inte det slags offer som Gud hade behag till. Jesus återlöste oss från våra synder genom att hängas upp på träkorset och blödde till döds därpå.

Hur oerhörd kärlek Jesus har att Han utgav sitt blod på korset och öppnade frälsningens väg för dem som hånade och korsfäste Honom, trots att Han hade botat människor från alla möjliga sjukdomar, löst människor ur ondskans band och bara gjort gott!

Baserad på lagen om jordegendomens återlösning kan vi dra slutsatsen att bara Jesus tillfredsställer alla villkor och egenskaper som krävs av Frälsaren som skulle kunna återlösa hela mänskligheten från deras synder.

Vägen till frälsning för mänskligheten förberedd före tidernas begynnelse

Vägen till frälsning för mänskligheten öppnades när Jesus dog på korset och uppstod på den tredje dagen och krossade dödens makt. Jesu ingång i denna värld för att uppfylla planen för mänsklighetens frälsning och bli mänsklighetens Messias blev förutsagt i den stund då Adam syndade.

I 1 Mosebok 3:15 sade Gud till ormen som frestat kvinnan, *"Jag skall sätta fiendskap mellan dig och kvinnan och mellan din avkomma och hennes avkomma. Han skall krossa ditt huvud och du skall hugga honom i hälen."* Här symboliserar "kvinnan" andligt sett Guds utvalda Israel och "ormen" är fienden djävulen och Satan som står emot Gud. När "kvinnans" säd skulle "krossa [ormens] huvud" betyder det att mänsklighetens Frälsare skulle komma från israeliterna och besegra dödens makt som fienden djävulen hade.

En orm blir maktlös när dess huvud är skadat. På samma sätt betyder det att när Gud sade till ormen att kvinnans säd skulle krossa dess huvud, profeterade Gud om att mänsklighetens Kristus skulle födas i Israel och förgöra djävulen och Satans makt och frälsa syndare bundna av deras makt.

Eftersom djävulen blev varse om detta sökte han efter att döda kvinnans säd innan Säden kunde skada dess huvud. Djävulen trodde att han för evigt kunde åtnjuta auktoriteten som givits till honom från den olydige Adam om han bara kunde döda kvinnans säd. Fienden djävulen visste dock inte vem kvinnans säd skulle vara och började smida planer för att döda Guds trofasta och älskade profeter ända sedan Gamla Testamentets tid.

När Mose föddes hetsade fienden djävulen Egyptens Farao att döda alla nyfödda gossebarn från Israels kvinnor (2 Mosebok 1:15-22) och när Jesus kom till världen i köttet högg djävulen tag i kung Herodes hjärta och lät honom döda alla gossebarn under två år som fanns i Betlehem och dess omnejd. Men Gud arbetade för Jesu familj och ledde dem till att fly till Egypten.

Efter det växte Jesus under Guds egen omsorg, och påbörjade sin tjänst vid en ålder av 30. I enlighet med Guds vilja gick Jesus runt i hela Galileen, undervisade i deras synagogor, och botade alla slags sjukdomar och varje åkomma hos folket, uppväckte döda och predikade evangeliet om himmelriket för de fattiga.

Djävulen och Satan ingav prästerna, de skriftlärda och fariséerna, och började smida planer på sätt att döda Jesus genom dem. Men den onde kunde inte röra vid Jesus innan den tid som Gud hade utvalt var inne. Bara mot slutet av Jesu treåriga tjänst lät Gud dem arrestera och korsfästa Jesus för att uppfylla planen med mänsklighetens frälsningen genom Jesu korsfästelse.

Eftersom den romerske guvernören Pontius Pilatus gav efter för pressen från judarna dömde han Jesus till korsfästelse och de romerska soldaterna krönte Jesus med törnen och spikade fast

Hans händer och fötter vid korset.

Korsfästelse var en av de grymmaste metoderna för att avrätta en brottsling. Så glad djävulen måste ha varit när han hade lyckats med att få Jesus korsfäst på det hemska sättet genom onda människor! Han förväntade sig att ingen och inget annat skulle kunna hindra honom från att regera över världen, och sjöng och dansade av glädje. Men Guds plan låg även däri.

Nej, vi förkunnar Guds hemliga vishet, den vishet som är fördold och som Gud från evighet har bestämt att bli till härlighet för oss. Denna vishet har ingen av den här världens härskare känt – om de hade känt den, skulle de inte ha korsfäst härlighetens Herre (1 Korinterbrevet 2:7-8).

Eftersom Gud är rättfärdig utövar Han inte absolut auktoritet till den grad att Han bryter lagen utan gör allt i enlighet med lagen i den andliga världen. På det sättet skapade Han en väg till frälsning för mänskligheten före tidernas begynnelse i enlighet med Guds lag.

En person som inte syndar kan inte komma möta döden i enlighet med lagen i den andliga världen som säger, "syndens lön är döden" (Romarbrevet 6:23). Men djävulen korsfäste den syndfria, oförvitliga och fläckfria Jesus. Djävulen överträdde därför lagen i den andliga världen och var tvungen att betala straffet genom att ge tillbaka auktoriteten som Adam hade överlämnat åt honom efter att ha begått olydnadens synd. Med andra ord tvingades djävulen att ge upp sitt anspråk på alla människor som skulle acceptera Jesus som deras Frälsare och tro på Hans namn.

Hade fienden djävulen känt till denna visdom hos Gud skulle han inte ha korsfäst Jesus. Men eftersom han inte hade en aning om denna hemlighet fick han Jesus som var syndfri, dödad, eftersom han var fast övertygad om att han skulle få ett evigt grepp över världen genom det. Men i verkligheten föll djävulen i sin egen snara och slutade med att överträda lagen i den andliga världen. Hur oerhörd Guds visdom är!

Sanningen är den att fienden djävulen blev ett redskap för att uppfylla Guds plan för mänsklighetens frälsning och som utlovat i 1 Mosebok blev dess huvud "krossat" av kvinnans säd.

Genom Guds plan och visdom dog den syndfrie Jesus för att kunna återlösa mänskligheten från deras synder och genom att uppstå på den tredje dagen krossade Han dödens makt som fienden djävulen hade och blev kungars Kung och herrars Herre. Han öppnade dörren till frälsning så att vi kan bli rättfärdiga genom tro på Jesus Kristus.

Därför har mängder av människor genom hela mänsklighetens historia blivit frälsa genom tron på Jesus Kristus och så många fler idag accepterar Herren Jesus Kristus.

Ta emot den Helige Ande genom tron på Jesus Kristus

Varför tar vi emot frälsning när vi tror på Jesus Kristus? När vi accepterar Jesus Kristus som vår Frälsare tar vi emot den Helige

Ande från Gud. När vi tar emot den Helige Ande, blir vår ande som varit död, uppväckt. Eftersom den Helige Ande är Guds hjärta och kraft leder den Helige Ande Guds barn in i sanningen och hjälper dem att leva efter Guds vilja.

De som därför verkligen tror på att Jesus Kristus är deras Frälsare kommer följa den Helige Andes önskan och sträva efter att leva efter Guds ord. De kommer göra sig av med hat, hett temperament, svartsjuka, avundsjuka, dömande och fördömande av andra, och äktenskapsbrott och istället vandra i godhet och sanning, och förstå, tjäna och älska andra.

När den första människan Adam syndade, som tidigare nämnt, genom att äta av trädet med kunskap om gott och ont, dog anden i människan och människan kom in på vägen till förgörelsen. Men när vi tar emot den Helige Ande blir vår ande upplivad och så mycket som vi söker den Helige Andes önskan och vandrar i Guds sanna ord blir vi gradvis människor av sanning och får tillbaka den förlorade avbilden till Gud.

När vi vandrar i Guds sanna ord kommer vår tro erkännas som "sann tro" och eftersom våra synder blir borttvättade av Jesu blod i enlighet med våra trosgärningar, kan vi ta emot frälsning. Av denna orsak säger 1 Johannes 1:7 oss, *"Men om vi vandrar i ljuset, liksom han är i ljuset, så har vi gemenskap med varandra, och Jesu, hans Sons, blod renar oss från all synd."*

Det är så här vi når frälsningen genom tro efter att ha tagit emot förlåtelse för våra synder. Men om vi vandrar i synd trots vår trosbekännelse är bekännelsen en lögn och då kan vår Herre Jesu Kristi blod inte återlösa oss från vår synd och Han kan inte heller garantera oss frälsning.

Det är naturligtvis annorlunda för människor som just har tagit emot Jesus Kristus. Även om de ännu inte vandrar i sanningen kommer Gud undersöka deras hjärtan, tro att de vill bli förvandlade, och leda dem till frälsning när de strävar efter sanningen.

Jesus uppfyller profetiorna

Guds ord som profeterats angående Messias skulle uppfyllas av Jesus. Varje aspekt av Jesu liv, från Hans födelse och tjänst till Hans död och korsfästelsen och uppståndelsen, var i Guds plan för Honom att bli Messias och Frälsaren för hela mänskligheten.

Jesus född av en jungfru i Betlehem

Gud profeterade om Jesu födelse genom profeten Jesaja. Vid den tidpunkt som Gud valt sänkte sig kraft från Gud i höjden ner över en dygdens kvinna vid namn Maria i Nasaret i Galileen och snart blev hon gravid.

Därför skall Herren själv ge er ett tecken: Se, jungfrun skall bli havande och föda en son och hon skall ge honom namnet Immanuel (Jesaja 7:14).

Precis som Gud hade lovat Israels folk, "Det kommer inte bli någon ände på kungalinjen i Davids hus", gjorde Han så att Messias skulle komma genom en kvinna vid namn Maria, som skulle gifta sig med Josef, en av Davids efterkommande.

Eftersom en efterkommande av Adam, född med arvsynden, inte kunde återlösa mänskligheten från deras synder uppfyllde Gud profetian genom att göra så jungfrun Maria födde Jesus innan hon och Josef gifte sig.

Men du, Betlehem Efrata, som är så liten bland Juda tusenden, från dig skall det åt mig komma en som skall härska i Israel. Hans ursprung är före tiden, från evighetens dagar (Mika 5:2).

Bibeln profeterade att Jesus skulle födas i Betlehem. Jesus föddes verkligen i Betlehem i Judéen under kung Herodes styre (Matteus 2:1), och historien vittnar om denna händelse.

När Jesus föddes fruktade kung Herodes att det skulle hota hans styre och försökte döda Jesus. Men då kung Herodes inte kunde hitta barnet dödade han alla gossebarn i Betlehem och dess omnejd som var två år och yngre. Det orsakade mycket gråt och klagan över hela den regionen.

Om Jesus inte hade kommit till denna värld som judarnas sanna Kung, varför skulle en kung offra så många barn bara för att döda ett barn? Denna tragedi inträffade för att fienden djävulen sökte efter att döda Messias av fruktan för att förlora styret över hela världen och därför rörde han vid kung Herodes hjärta så att han blev rädd för att förlora sin krona och gjorde så att han begick det ohyggliga illdådet.

Jesus vittnar om den levande Guden

Innan Jesus påbörjade sin tjänst höll Han Lagen helt och hållet under de 30 åren av Hans liv. Och när Han blev gammal nog att bli präst påbörjade Han sin gärning att bli Messias som planerat före tidernas begynnelse.

Herrens, HERRENS Ande är över mig, ty HERREN har smort mig till att predika glädjens budskap för de ödmjuka. Han har sänt mig att förbinda dem som har ett förkrossat hjärta, att ropa ut frihet för de fångna och befrielse för de bundna, till att predika ett nådens år från HERREN och en hämndens dag från vår Gud, för att trösta alla sörjande, för att låta de sörjande i Sion få huvudprydnad i stället för aska, glädjens olja i stället för sorg, lovprisningens klädnad i stället för en modfälld ande. Och de skall kallas "rättfärdighetens terebinter", planterade av HERREN till hans förhärligande (Jesaja 61:1-3).

Som vi finner i profetian ovan löste Jesus livets alla problem med Guds kraft och tröstade de med brustna hjärtan. Och när tiden som Gud valt ut kom, gick Jesus till Jerusalem för att gå igenom sitt lidande.

Fröjda dig storligen, du Sions dotter! Höj jubelrop, du Jerusalems dotter! Se, din konung kommer till dig, rättfärdig och segerrik är han. Han kommer ödmjuk, ridande på en åsna, på en åsninnas föl (Sakarja 9:9).

I enlighet med Sakarjas profetia red Jesus in i Jerusalem på en åsninnas föl. Skarorna ropade *"Hosianna, Davids son! Välsignad är han som kommer i Herrens namn. Hosianna i höjden!"* (Matteus 21:9) och det var stor uppståndelse i staden. Människorna gladde sig på det sättet eftersom Jesus manifesterade sådana underbara tecken och under som att gå på vattnet och uppväcka de döda. Men snart skulle folkskaran svika Honom och korsfästa Honom.

När prästerna, fariséerna och de skriftlärda såg hur stor folksamling som följde Jesus för att höra Hans ord fyllda av auktoritet och för att se manifestationerna av Guds makt kände de sig hotade i sin samhällsposition. Utifrån ett djupt hat mot denne Jesus smidde de planer på att döda Honom. De hittade på många falska bevis mot Jesus och anklagade Honom för att lura och uppegga folket. Jesus visade Guds förunderliga kraftgärningar som inte hade kunnat göras om inte Guds själv varit med Honom, men de försökte göra sig av med Jesus.

Mot slutet förrådde en av Jesu lärjungar Honom och prästerna betalade honom trettio silverpenningar för att han hade hjälpt dem med att arrestera Jesus. Sakarjas profetior om de trettio silverpenningarna, *"jag tog de trettio silversiklarna och kastade dem i HERRENS hus åt krukmakaren"* blev uppfylld (Sakarja 11:12-13).

Mannen som hade förrått Jesus för trettio silverpenningar

kunde inte komma över skuldkänslorna och kastade de trettio silverpenningarna in i templets helgedom, men prästerna använde pengarna för att köpa "krukmakaråkern" (Matteus 27:3-10).

Jesu lidande och död

Som profeten Jesaja profeterade genomled Jesus lidandet för att kunna frälsa alla människor. Eftersom Jesus kom in i denna värld för att fullfölja planen att återlösa sitt folk från sina synder hängdes Han upp och dog på ett träkors som var symbolen på förbannelse och blev offrad till Gud som ett skuldoffer för mänskligheten.

Men det var våra sjukdomar han bar, våra smärtor tog han på sig, medan vi höll honom för att vara hemsökt, slagen av Gud och pinad. Han var genomborrad för våra överträdelsers skull, slagen för våra missgärningars skull. Straffet var lagt på honom för att vi skulle få frid, och genom hans sår är vi helade. Vi gick alla vilse som får, var och en gick sin egen väg, men all vår skuld lade HERREN på honom. Han blev misshandlad, men han ödmjukade sig och öppnade inte sin mun. Lik ett lamm som förs bort till att slaktas, lik ett får som är tyst inför dem som klipper det, så öppnade han inte sin mun. Genom våld och dom blev han borttagen. Vem i hans släkte besinnar att när han rycktes bort från de levandes land, blev

> *han plågad på grund av mitt folks överträdelse? Bland de ogudaktiga fick han sin grav, men hos en rik var han i sin död, ty han hade ingen orätt gjort, och svek fanns inte i hans mun. Det var HERRENS vilja att slå honom och låta honom lida. När du gör hans liv till ett skuldoffer, får han se avkomlingar och leva länge, och HERRENS vilja skall ha framgång genom honom* (Jesaja 53:4-10).

Under det Gamla Testamentets tid offrades blod från djur till Gud varje gång en person syndade mot Honom. Men Jesus utgöt sitt rena blod som varken hade arvsynden eller egen begången synd och "offrade ett syndoffer för alla tider" så att alla människor skulle kunna ta emot förlåtelse för sina synder och få evigt liv (Hebréerbrevet 10:11-12). På det sättet banade Han väg för syndernas förlåtelse och frälsningen genom tron på Jesus Kristus och vi behöver inte längre offra blod från djur.

När Jesus tog sitt sista andetag på korset brast templets förlåt i två delar uppifrån och ner (Matteus 27:51). Förlåten i templet var en tjock gardin som skiljde det allra heligaste från det heliga i templet och inga vanliga människor kunde komma in i det heliga. Endast översteprästen kunde en gång om året gå in i det allra heligaste.

Att "förlåten brast i två delar uppifrån och ner" symboliserar att när Han offrade sig själv som ett ställföreträdande offer förgjorde Jesus syndamuren som stod mellan Gud och oss. På det Gamla Testamentets tid var översteprästerna tvungna att offra till Gud för att återlösa Israels folk från deras synder och bad till Gud å deras vägnar. Nu när syndamuren som stod i vägen för oss att komma till Gud har förgjorts kan vi själva kommunicera med Gud. Med andra ord, den som tror på Jesus Kristus kan komma in i Guds heligaste och tillbe Honom och be till Honom där.

Därför skall jag ge honom de många som hans del, och de starka skall han få som byte, eftersom han utgav sitt liv i döden och blev räknad bland förbrytare, han som bar de mångas synd och trädde in i överträdarnas ställe (Jesaja 53:12).

Precis som profeten Jesaja skrev ner gällande Messias lidande och korsfästelse dog Jesus på korset för alla människors synder men räknades bland förbrytarna. Till och med när Han hängde döende på korset bad Han Gud förlåta de som korsfäste Honom.

Fader, förlåt dem, ty de vet inte vad de gör (Lukas 23:34).

När Han dog på korset uppfylldes psalmistens profetia, *"Han bevarar alla hans ben, inte ett enda av dem skall krossas"* (Psaltaren 34:21). Vi kan finna uppfyllandet av detta i Johannes 19:32-33, *"Soldaterna kom därför och krossade benen på dem som var korsfästa tillsammans med honom, först på den ene och sedan på den andre. När de därefter kom till Jesus och såg att han redan var död, krossade de inte hans ben."*

Jesus uppfyller sin tjänst att vara Messias

Jesus bar mänsklighetens synd på sitt kors och dog för dem som ett syndoffer, men uppfyllandet av frälsningsplanen skedde inte genom Jesu död.

Som det profeterades i Psaltaren 16:10, *"Ty du skall ej lämna min själ åt dödsriket, du skall ej låta din fromme se förgängelsen"* och i Psaltaren 118:17, *"Jag skall inte dö utan leva och förkunna HERRENS gärningar"* förruttnades inte Jesu kropp och Han uppstod på den tredje dagen.

Som det vidare profeterats om i Psaltaren 68:19, *"Du steg upp i höjden, du tog fångar, du fick gåvor bland människorna, ja, till och med upproriska människor, för att du, HERRE, vår Gud, skulle bo där"* uppsteg Jesus till himlen och har väntat där på de sista dagarna då Han kommer fullborda mänsklighetens kultivering och leda sitt folk till himlen.

Det är lätt att se hur allt som Gud profeterat om Messias genom sina profeter helt och hållet har blivit uppfyllt genom Jesus Kristus.

Jesu död och profetiorna om Israel

Guds utvalda Israel misslyckades med att känna igen Jesus som Messias. Trots det har Gud inte övergett sitt folk som Han har utvalt och uppnår fortfarande sin frälsningsplan för Israel. Även genom Jesu korsfästelse profeterade Gud om Israels framtid och det beror på Hans uppriktiga kärlek till dem och önskan att de ska tro på Messias som Gud sände och nå frälsning.

Lidandet för Israel som korsfäste Jesus

Trots att det var den romerske guvernören Pontius Pilatus som dömde Jesus till korsfästelse var det judarna som övertalade Pilatus att fatta det beslutet. Pilatus var medveten om att det inte fanns någon laglig grund för att döda Jesus men skarorna pressade honom och skrek om att Jesus skulle korsfästas att det nästan bröt ut ett uppror.

När han beslutat sig för att korsfästa Jesus tog Pilatus vatten och tvättade sina händer framför skaran och sa till dem, *"Jag är oskyldig till denne mans blod. Ni får själva svara för det"* (Matteus 27:24). Judarna skrek tillbaka, *"Hans blod må komma över oss och över våra barn"* (Matteus 27:25).

År 70 e Kr föll Jerusalem under den romerske generalen

Titus. Templet förstördes och de överlevande tvingades att lämna sitt hemland och de skingrades över hela världen. Så påbörjades diasporan och den pågick i närmare 2000 år. Det går inte med ord att adekvat förklara allt lidande som Israels folk fått uthärda under denna period av diaspora (förskingring).

När Jerusalem föll slaktades omkring 1,1 miljoner judar och under det andra världskriget massakrerades omkring sex miljoner judar av nazisterna. När de slaktades av nazisterna blev de avklädda nakna och detta var en påminnelse om när Jesus blev korsfäst naken.

Från Israels synvinkel kan de naturligtvis argumentera att deras lidande inte är en konsekvens av att ha korsfäst Jesus. Men om man ser tillbaka historiskt på Israel kan man lätt notera att Israel och dess folk var beskyddade av Gud och frodades när de levde efter Guds vilja. När de drog sig undan Guds vilja blev de tuktade och ämne för lidande och prövningar.

Så förstår vi att Israels lidande inte varit utan orsak. Om Jesu korsfästelse hade varit passande i Guds ögon, varför skulle då Gud lämnat Israel mitt under ihärdiga och svåra prövningar under så lång tid?

Jesu kläder och Hans livklädnad, och Israels framtid

En annan händelse som är som en skuggbild för sådant som skulle ske med Israel skedde vid platsen för Jesu korsfästelse. Som vi läser i Psaltaren 22:19, *"De delar mina kläder mellan sig och kastar lott om min klädnad"*, tog de romerska soldaterna Jesu kläder och delade dem i fyra delar, en del för varje soldat men om Hans livklädnad kastade de lott och en av soldaterna tog den med sig.

Hur kan den här händelsen handla om Israels framtid? Eftersom Jesus är judarnas Kung symboliserar Jesu kläder andligt sett Guds utvalda, staten Israel och dess folk. När Jesu kläder delades upp i fyra delar och formen på kläderna försvann förutsäger detta förstörelsen av staten Israel. Men eftersom tyget som kläderna var gjorda av fanns kvar talar det för att trots att staten Israel skulle försvinna skulle namnet "Israel" förbli.

Vilken betydelse har det faktum att de romerska soldaterna tog Jesu kläder och delade dem i fyra delar, en del för varje soldat? Det betyder att Israels folk skulle förgöras av Rom och blir skingrat. Denna profetia uppfylldes också med Jerusalems fall och förgörelsen av staten Israel som tvingade judarna att skingras över hela världen.

Om Jesu livklädnad läser vi i Johannes 19:23, *"Men den var utan sömmar, vävd i ett enda stycke, uppifrån och ända ner."* Det faktum att Hans livklädnad var "utan sömmar" betyder att det inte var flera lager av tyg som hade sytts ihop till ett stycke.

De flesta människorna tänker inte så mycket på hur deras kläder är sydda. Varför har då Bibeln i detalj beskrivit hur Jesu livklädnad såg ut? I detta finns en profetia om händelser som skulle ske för Israels folk.

Jesu livklädnad symboliserar hjärtat hos Israels folk, det hjärta med vilket de tjänar Gud. Det faktum att livklädnaden var "utan sömmar, vävd i ett enda stycke" symboliserar Israels hjärta gentemot Gud som varit med dem sedan deras förfader Jakob och som inte viker undan i någon omständighet.

Genom de tolv stammarna som kom i tiderna efter Abraham, Isak och Jakob, formades en nation och Israels folk höll fast vid deras renhet som nation utan att gifta sig med hedningarna. Efter att riket delades upp i Israels rike i norr och Juda rike i söder började folket i det norra riket gifta sig med hedningar medan Juda förblev en homogen nation. Till och med idag bevarar judarna sin identitet som kan dateras tillbaka till tiderna då trons fäder levde.

Trots att Jesu kläder delades upp i fyra delar förblev ändå Hans livklädnad intakt. Detta betyder att medan det såg ut som att staten Israel försvann förblev folkets hjärta med Gud och deras tro på Honom kunde inte utsläckas.

Eftersom de har ett sådant orubbligt hjärta utvalde Gud dem och genom dem har Han uppnått sin plan och vilja fram till dessa dagar. Trots att årtusenden har gått har Israels folk ändå hållit sig till Lagen. Det beror på att de har ärvt Jakobs oföränderliga hjärta.

Nästan 1 900 år sedan de förlorade sitt land chockerade därför Israels folk världen genom att proklamera sin självständighet och upprättelse av staten den 14 maj 1948.

Ty jag skall hämta er från folken och samla er från alla länder och föra er till ert land (Hesekiel 36:24).

Så skall ni få bo i det land som jag gav åt era fäder, och ni skall vara mitt folk och jag skall vara er Gud (Hesekiel 36:28).

Som det redan profeterats om i Gamla Testamentet, *"Efter lång tid skall du kallas till tjänst. I kommande år..."* började Israels folk samlas i Palestina och etableras som stat igen (Hesekiel 38:8). Genom att också utveckla ett av världens mäktigaste länder har Israel än en gång bekräftat för resten av världen deras överlägsenhet som en nation.

Gud vill att Israel ska förbereda sig för Jesu återkomst

Gud vill att det nyupprättade Israel ska vara förväntansfulla och förberedda för Messias återkomst. Jesus kom till Israels land för ungefär 2,000 år sedan, uppfyllde fullständigt frälsningsplanen för mänskligheten och blev deras Frälsare och Messias. När Han uppsteg till himlen lovade Han att återvända och nu vill Gud att Hans utvalda ska vänta på Messias återkomst med sann tro.

När Messias Jesus Kristus kommer tillbaka kommer Han inte till ett sjabbigt stall eller måste lida och straffas på korset på samma sätt som Han gjorde för två årtusenden sedan. Istället kommer Han uppenbara sig som överbefälhavare av den himmelska armén och änglarna och återvända till denna värld som kungars Kung och herrars Herre i Guds härlighet för hela världen att se.

Se, han kommer med molnen, och varje öga skall se honom, även de som har genomborrat honom, och alla jordens stammar skall jämra sig över honom. Ja, amen (Uppenbarelseboken 1:7).

När den förutbestämda dagen är här kommer alla folk, både troende och icke-troende se Herrens återkomst i skyn. På den dagen kommer alla som tror på Jesus som mänsklighetens Frälsare bli uppryckta på skyarna och delta i bröllopsfesten i skyn, medan de andra blir lämnade kvar att sörja.

Likväl som Gud skapade den första människan Adam och påbörjade den mänskliga kultiveringen kommer den sannerligen också ta slut. Likväl som en bonde sår och skördar kommer en tid av skörd för den mänskliga kultiveringen också. Guds kultivering av mänskligheten kommer att fullbordas med Messias Jesu Kristi andra tillkommelse.

Jesus berättar för oss i Uppenbarelseboken 22:7, *"Och se, jag kommer snart. Salig är den som håller fast vid profetians ord i denna bok."* Vår tid är de sista dagarna. I sin omätliga kärlek till Israel fortsätter Gud att upplysa sitt folk genom deras historia så att de kommer att acceptera Messias. Gud längtar uppriktigt efter att inte bara Hans utvalda Israel utan hela mänskligheten ska ta emot Jesus Kristus innan den mänskliga kultiveringen är över.

Den hebreiska Bibeln, känd för kristna som det Gamla Testamentet

Kapitel 3
Den Gud som Israel tror på

Lagen och stadgarna

Medan Gud ledde sitt utvalda folk Israel ut ur Egypten och in i det förlovade landet Kanaan, sänkte Han sig ned på berget Sinais topp. Sedan kallade HERREN Gud Mose, ledaren av uttåget, till sig och sa till honom att prästerna skulle helga sig själva när de skulle närma sig Gud. Gud gav i tillägg folket de 10 budorden och många andra lagar genom Mose.

När Mose kom och förkunnade för folket alla HERRENS ord och föreskrifter, svarade allt folket med en mun: *"Allt vad HERREN har sagt vill vi göra"* (2 Mosebok 24:3). Men medan Mose var på berget Sinai i enlighet med Guds kallelse fick folket Aron att göra en avbild av en kalv och begick den stora synden att tillbe avguden.

Hur kommer det sig att de kunde bli Guds utvalda folk och begå en sådan stor synd? Alla människor sedan Adam, som begick olydnadens synd, är efterkommande till Adam och har blivit födda med en syndfull natur. De drivs alla till synd innan de har blivit helgade genom hjärtats omskärelse. Det är därför som Gud sände sin ende Son Jesus, och genom Jesu korsfästelse öppnade Han dörren som leder till att hela mänskligheten kan bli förlåten alla deras synder.

Varför gav då Gud lagen till folket? De 10 budorden som Gud gav dem genom Mose, föreskrifterna och påbuden är kända som lagen.

Genom lagen leder Gud dem till landet som flödar av mjölk och honung

Orsaken och syften med att Gud gav Israels folk lagen under uttåget ur Egypten är för att de skulle få åtnjuta välsignelsen genom vilken de kunde komma in i Kanaans land, landet som födar av mjölk och honung. Folket tog emot lagen direkt från Mose men de höll inte Guds förbund och begick många synder som avgudadyrkan och äktenskapsbrott. Det slutade med att de flesta dog i sina synder under de 40 åren de levde i öknen.

I 5 Mosebok finns Moses sista ord nedskrivna, och den handlar om Guds förbund och lagarna. När större delen av uttågets första generation förutom Josua och Kaleb hade dött och det var dags för Mose att lämna Israels folk uppmanade Mose bedjande uttågets andra och tredje generation att älska Gud och lyda Hans befallningar.

Och nu Israel, vad begär HERREN, din Gud, av dig annat än att du fruktar HERREN, din Gud, att du vandrar på alla hans vägar, att du älskar honom och att du tjänar HERREN, din Gud, av hela ditt hjärta och av hela din själ, så att du håller HERRENS bud och hans stadgar, som jag i dag ger dig för att det skall gå dig väl (5 Mosebok 10:12-13).

Gud gav dem lagen eftersom Han ville att de med glatt hjärta skulle lyda den och bekräfta sin kärlek till Gud genom deras lydnad. Gud gav inte lagen till dem för att begränsa eller binda dem utan för att Han ville ta emot deras hjärtas lydnad och ge dem välsignelser.

Dessa ord som jag i dag ger dig befallning om, skall du lägga på hjärtat. Du skall inskärpa dem hos dina barn och tala om dem när du sitter i ditt hus och när du går på vägen, när du lägger dig och när du stiger upp. Du skall binda dem som ett tecken på din hand, och de skall vara som ett band till påminnelse på din panna. Och du skall skriva dem på dörrposterna i ditt hus och på dina portar (5 Mosebok 6:6-9).

Genom dessa verser berättade Gud för dem hur de skulle bära lagen i deras hjärtan, undervisa den och praktisera den. Genom alla tider har Guds befallningar och föreskrifter som nedskrivits i de fem Moseböckerna memorerats och bevarats, och det har varit ett uttalat, tydligt fokus på att hålla lagen.

Lagen och de äldstes stadgar

Lagen befaller till exempel att sabbaten ska hållas helig, helgas, och de äldste reglerade detta genom många detaljerade stadgar som kunde hjälpa dem att hålla de bud som förbjuder dem från att till exempel använda automatiska dörrar, hissar och rulltrappor och att öppna affärsbrev, pass och andra paket. Hur har de äldstes traditioner kommit till?

När Guds tempel förstördes och Israels folk hamnade i den babyloniska fångenskapen trodde de att det berodde på att de hade misslyckats med att tjäna Gud av hela sitt hjärta. De behövde tjäna Gud mer ordentligt och tillämpa lagen på de situationer som kunde förändras allt eftersom tiden gick, så de skapade många stränga regler.

Dessa regler skapades med syftet att tjäna Gud helhjärtat. Med andra ord hittade de på många stränga regler som i detalj styrde varje del i livet, så att de skulle hålla lagen i deras vardagsliv.

Ibland tjänade dessa stränga regler en roll i att bevara lagen men allt eftersom tiden gick förlorades den sanna betydelsen i lagen och det blev viktigare att utåt visa att man höll lagen. På så sätt avvek de från lagens sanna mening.

Gud ser och tar emot det hjärta som håller lagen snarare än

personen som lägger stor vikt vid det yttre sättet att hålla lagen genom gärningar. Han har ställt upp lagen för att leta efter dem som verkligen ärar Honom för att ge välsignelse till dem som lyder Honom. Trots att det såg ut som att många människor i Gamla Testamentet höll lagen var det samtidigt många som bröt den.

"Om ändå någon av er ville stänga tempeldörrarna, så att ni inte förgäves tänder upp eld på mitt altare! Jag har inte behag till er, säger HERREN Sebaot, offergåvorna från er hand finner jag ingen glädje i" (Malaki 1:10).

När de skriftlärda och äldste förtalade Jesus och fördömde Hans lärjungar berodde det inte på att Jesus och Hans lärjungar var olydiga mot lagen, utan för att de överträdde de äldstes stadgar. Det är väl beskrivet i Matteus Evangelium.

Varför bryter dina lärjungar mot de äldstes stadgar? De tvättar inte händerna innan de äter (Matteus 15:2).

Jesus upplyste dem denna gång om det faktum att det inte var Guds befallningar som bröts utan de äldstes stadgar. Det är naturligtvis viktigt att även utåt hålla lagen, men det är betydligt viktigare att inse Guds sanna vilja som är inbäddad i lagen.

Jesus svarade dem och sade,

> *Varför bryter ni mot Guds bud för era stadgars skull? Gud har sagt: Hedra din far och din mor och: Den som förbannar sin far eller mor skall straffas med döden. Men ni påstår: Om någon säger till sin far eller mor: Vad du kunde ha fått av mig, det ger jag som offergåva, då skall han inte hedra sin far eller mor. Ni upphäver Guds ord för era stadgars skull* (Matteus 15:3-6).

I följande verser säger Jesus också,

> *Ni hycklare, rätt profeterade Jesaja om er: Detta folk ärar mig med sina läppar, men deras hjärtan är långt ifrån mig. Förgäves dyrkar de mig, eftersom de läror de förkunnar är människors bud* (Matteus 15:7-9).

Efter det kallade Jesus folket till sig och sa,

> *"Lyssna och förstå! Det som kommer in i munnen gör inte människan oren. Men det som går ut ur munnen, det orenar henne"* (Matteus 15:10-11).

Guds barn borde hedra sina föräldrar som det är skrivet i de 10 budorden. Men fariséerna lärde folket att barnen som skulle hjälpa och hedra sina föräldrar med sina ägodelar kan bli undantagen den skyldigheten om de säger att deras ägodelar ska offras till Gud. De hittade på så många regler som reglerade deras liv in i minsta detalj så att hedningarna inte ens kunde försöka att strikt hålla alla de äldstes stadgar. De trodde de var duktiga på att vara Guds utvalda.

Den Gud som Israel tror på

När Jesus botade den sjuke mannen på sabbaten beskyllde fariséerna Jesus för att ha brutit mot sabbaten. En dag när Jesus kom in i synagogan såg Han en man som stod framför fariséerna och hans hand var förtvinad. Jesus ville väcka upp dem och frågade dem så här:

> *Är det på sabbaten mera tillåtet att göra gott än att göra ont, att rädda liv än att döda?* (Markus 3:4)

> *Vem av er skulle inte gripa tag i sitt får och dra upp det om det faller i en grop, och det också på sabbaten? Hur mycket mer är inte en människa värd än ett får! Alltså är det tillåtet att göra gott på sabbaten* (Matteus 12:11-12).

Fariséerna var så fyllda av lagens ramverk formade av de äldstes stadgar och sina egna självcentrerade tankar och handlingar att de inte insåg Guds sanna vilja som fanns inbäddad i lagen, och de misslyckades också med att känna igen Jesus, som kom till jorden som Frälsaren.

Jesus påpekade ofta för dem och uppmanade dem att omvända sig från sina onda gärningar. Han tillrättavisade dem eftersom de ignorerade Guds verkliga syfte med lagen som Han hade givit dem, och för att de hade förändrat den och fokuserat på att till det yttre hålla lagen.

Ve er, skriftlärda och fariseer, ni hycklare! Ni ger tionde av mynta, dill och kummin men försummar det som är viktigast i lagen: rätten, barmhärtigheten och troheten. Det ena borde ni göra utan att försumma det andra (Matteus 23:23).

Ve er, skriftlärda och fariseer, ni hycklare! Ni rengör utsidan av bägaren och fatet, men inuti är de fulla av rofferi och omåttlighet. Du blinde farisé, gör först insidan av bägaren ren, så blir också utsidan ren (Matteus 23:25).

Israels folk befann sig under det romerska imperiets styre och hade en bild uppmålad i sina tankar om Messias som skulle komma med stor makt och ära och Han skulle göra dem fria från förtryckarens hand och regera över alla folk och stammar.

Under tiden föddes en man i en snickares familj, han umgicks med de övergivna, de sjuka och syndarna; han kallade Gud för "Fader" och han vittnade om att Han är världens ljus. När han gick tillrätta med synden hos dem som hade hållit lagen efter sina egna mått och utropat sig själva som rättfärdiga blev de stungna och genomborrade av hans ord i sina hjärtan och de korsfäste honom utan orsak.

Gud vill att vi ska ha kärlek och förlåtelse

Fariséerna hade hållit de stränga reglerna i judendomen och räknade de mångåriga traditionerna och stadgarna som värdefulla i sina liv. De behandlade tullindrivare som arbetade för det romerska imperiet som syndare och undvek dem.

I början av Matteus 9:10 står det att Jesus var gäst i en tullindrivares hem vid namn Matteus och låg till bords och att många syndare åt tillsammans med Jesus och Hans lärjungar. När fariséerna såg detta sa de till Hans lärjungar, "Varför äter er Mästare med syndare och publikaner?" När Jesus hörde att de anklagade Hans lärjungar förklarade Han för dem om Guds hjärta. Gud ger sin osvikliga kärlek och barmhärtighet till den som i sitt hjärta omvänder sig från sina synder och vänder sig bort från dem.

Matteus 9:12-13 fortsätter, *"Jesus hörde det och sade: 'Det är inte de friska som behöver läkare utan de sjuka. Gå och lär er vad detta ord betyder: Jag vill se barmhärtighet, inte offer. Ty jag har inte kommit för att kalla rättfärdiga, utan syndare.'"*

När synden i Nineve hade nått himlen var Gud på väg att

förgöra staden Nineve. Men innan Han gjorde det sände Han sin profet Jona för att leda dem till omvändelse. Folket fastade och omvände sig grundligt från sina synder och Gud ångrade sitt beslut att förgöra dem. Men fariséerna tänkte att för den som bryter lagen finns det inget annat val än att bli dömd. Den viktigaste delen av lagen är den osvikliga kärleken och förlåtelsen, men fariséerna trodde att det var riktigare och bättre att döma någon än att i kärlek förlåta honom.

När vi på samma sätt inte förstår Guds hjärta som har givit oss lagen tvingas vi att döma allt med våra egna tankar och teorier och dessa domar är felaktiga och emot Gud.

Guds verkliga syfte med att ge lagen

Gud skapade himlarna och jorden och allt vad därpå är och skapade människan med syftet att få sanna barn som efterliknar Hans hjärta. På grund av detta sade Gud till sitt folk att, *"vara heliga, ty jag är helig"* (3 Mosebok 11:44). Han vill att vi ska frukta Honom och inte bara vara gudfruktiga till det yttre utan bli fläckfria genom att göra oss av med all ondska i hjärtat.

På Jesu tid var fariséerna och de skriftlärda mycket intresserade av offer och i hur man höll lagen snarare än att helga sina hjärtan. Gud har behag till ett förkrossat och bedrövat hjärta hellre än till offer (Psaltaren 51:18-19) därför har Han gett oss lagen för att få oss att omvända oss från våra synder och vända oss bort från dem genom lagen.

Guds sanna vilja inbäddad i lagen i Gamla Testamentet

Det stämmer inte att Israels folks laggärningar inte omfattade deras kärlek till Gud alls. Men just det som Gud ville att de skulle göra var att helga hjärtat och Han tillrättavisade dem allvarligt genom profeten Jesaja.

"Vad skall jag med era många slaktoffer till? säger

HERREN. Jag är mätt på brännoffer av baggar och på gödkalvars fett, till blod av tjurar, lamm och bockar har jag inte behag. När ni kommer för att träda fram inför mitt ansikte, vem begär då av er att mina förgårdar trampas ner? Bär inte längre fram meningslösa matoffer. Röken av dem är avskyvärd för mig. Jag står inte ut med nymånader, sabbater och utlysta fester – ondska tillsammans med högtidsförsamlingar" (Jesaja 1:11-13).

Den sanna betydelsen av att hålla lagen handlar inte om de yttre handlingarna utan om hjärtats villighet. Så Gud hade inte behag till de mängder av offer som de offrade när man gick in i helgedomen utifrån slentrian och på ett ytligt sätt. Oavsett hur många offer de offrade i enlighet med lagen hade Gud inte behag till dem eftersom deras hjärtan inte var inställda på Guds vilja.

Det samma gäller våra böner. Det är inte bönehandlingen i sig som är inte viktig utan vårt hjärtas inställning i bönen är betydligt viktigare. En psalmist säger i Psaltaren 66:18, *"Hade jag haft onda avsikter i mitt hjärta skulle Herren inte ha hört mig."*

Gud lät folket veta genom Jesus att Han inte har behag till böner som är fulla av hyckleri eller skryt utan endast böner från hjärtat.

När ni ber skall ni inte vara som hycklarna. De älskar att stå och be i synagogorna och i gathörnen för att synas av människor. Amen säger jag er: De har fått ut sin lön. Nej, när du ber, gå in i din kammare och stäng din dörr och be till din Fader i det fördolda. Då skall din Fader, som ser i det fördolda, belöna dig (Matteus 6:5-6).

Det samma händer när vi omvänder oss från våra synder. När vi omvänder oss från våra synder vill Gud inte att vi ska riva sönder våra kläder och klaga med aska på vårt huvud utan att rannsaka våra hjärtan och omvända oss från synderna från hjärtat. Omvändelsehandlingen i sig är inte viktig, utan när vi omvänder oss från våra synder i hjärtat och vänder oss bort från dem, då accepterar Gud den omvändelsen.

"Men nu, säger HERREN, vänd om till mig av hela ert hjärta, med fasta, gråt och klagan. Riv sönder era hjärtan, inte era kläder, och vänd om till HERREN, er Gud. Ty nådig och barmhärtig är han, sen till vrede och stor i nåd, och han ångrar det onda" (Joel 2:12-13).

Gud vill med andra ord acceptera hjärtat hos lagens görare snarare än den faktiska handlingen att hålla lagen. Detta beskrivs som "hjärtats omskärelse" i Bibeln. Vi kan omskära våra kroppar genom att skära av förhuden medan vi kan bli omskurna i hjärtat genom att skära i våra hjärtan.

Hjärtats omskärelse som Gud vill ha

Vad betyder hjärtats omskärelse i detalj? Det betyder att man "skär av och kastar bort all slags ondska och synder från hjärtat som avundsjuka, svartsjuka, hett temperament, dåliga känslor, äktenskapsbrott, falskhet, bedrägeri, dömande och fördömande." När du skär av synder och ondska från hjärtat och håller lagen accepterar Gud det som fullkomlig lydnad.

Omskär er för HERREN, avlägsna ert hjärtas förhud, ni Juda män och ni Jerusalems invånare. Annars skall min vrede bryta fram som en eld för era onda gärningars skull, och den skall brinna så att ingen kan släcka den (Jeremia 4:4).

Omskär därför ert hjärtas förhud och var inte längre hårdnackade (5 Mosebok 10:16).

Egypten, Juda, Edom, Ammons barn, Moab och alla ökenbor med kantklippt hår. Ty hednafolken är alla oomskurna och hela Israels hus har ett oomskuret hjärta (Jeremia 9:26).

HERREN, din Gud, skall omskära ditt hjärta och dina efterkommandes hjärtan, så att du älskar HERREN, din Gud, av hela ditt hjärta och av hela din själ. Då skall du få leva (5 Mosebok 30:6).

På så sätt uppmanar Gamla Testamentet oss ofta att omskära våra hjärtan, för enbart de som är omskurna i hjärtat kan älska Gud med hela sitt hjärta och hela sin själ.

Gud vill att Hans barn ska vara heliga och fullkomliga. I 1 Mosebok 17:1 sade Gud till Abraham att han skulle vara fullkomlig och i 3 Mosebok 19:2 befallde Han Israels folk att vara heliga.

Johannes 10:35 säger, *"Om han nu kallar dem som fick Guds ord för gudar – och Skriften kan inte göras om intet –"* och 2 Petrusbrevet 1:4 säger, *"Genom dem har han gett oss sina dyrbara och mycket stora löften, för att ni i kraft av dem skall få del av gudomlig natur, sedan ni kommit undan det fördärv som på grund av begäret finns i världen."*

På Gamla Testamentets tid blev man frälst genom att hålla lagen, medan vi i Nya Testamentets tid blir frälsta genom tron på Jesus Kristus som har uppfyllt lagen med kärlek.

Frälsning genom handlingar på Gamla Testamentets tid var möjlig när människor hade syndfulla begär till att mörda, hata, begå äktenskapsbrott, och ljuga, men inte gick till handling. På Gamla Testamentets tid bodde inte den Helige Ande i dem och de kunde inte göra sig av med syndfulla begär i egen styrka. Så när de inte begick synderna i handling ansågs de inte heller vara syndare.

Men i nytestamentlig tid kan vi enbart nå frälsning när vi

omskär våra hjärtan genom tro. Den Helige Ande låter oss få kunskap om synd, rättfärdighet och dom och hjälper oss att leva efter Guds ord så att vi kan göra oss av med osanning och syndfull natur och omskära våra hjärtan.

Frälsning genom tron på Jesus Kristus delas inte ut bara för att någon känner och tror att Jesus Kristus är Frälsaren. Bara när vi gör oss av med ondskan i våra hjärtan eftersom vi älskar Gud och vandrar i sanning genom tro kommer Gud anse att det är sann tro och leda oss inte bara till fullständig frälsning utan också till stigen med förunderliga svar och välsignelse.

Hur man behagar Gud

Det är naturligt för ett Guds barn att inte synda i handling. Det är också normalt för dem att göra sig av med osanning och syndfulla begär i hjärtat och att efterlikna Guds helighet. Om du inte begår synder i handling men har syndfulla begär inom dig som Gud inte vill se kan du inte anses vara rättfärdig av Gud.

Det är därför det är skrivet i Matteus 5:27-28, *"Ni har hört att det är sagt: Du skall inte begå äktenskapsbrott. Jag säger er: Var och en som med begär ser på en kvinna har redan begått äktenskapsbrott med henne i sitt hjärta."*

Och det står i 1 Johannes brev 3:15, *"Den som hatar sin broder är en mördare, och ni vet att ingen mördare har evigt liv i sig."* Denna vers uppmanar oss att göra oss av med hat i hjärtat.

Hur ska du handla mot dina fiender som hatar dig i enlighet

med det som Gud har behag till?

Lagen på Gamla Testamentets tid säger oss, "Öga för öga [och] tand för tand." Med andra ord säger lagen, *"Samma skada som han har vållat en annan, skall han själv tillfogas"* (3 Mosebok 24:20). Dessa strikta regler var till för att förhindra att man skadade eller orsakade skada för andra. Det är för att Gud vet att mänskligheten i sin egen ondska försöker betala tillbaka den andre med mer än vad som drabbade honom själv.

Kung David fick ordet om sig att han var en man efter Guds hjärta. När kung Saul försökte döda honom återgäldade inte David ondska med ondska mot kung Saul utan behandlade honom med godhet till den sista stund. David såg den sanna meningen inbäddad i lagen och levde enbart efter Guds ord.

Du skall inte hämnas och inte hysa agg mot någon av ditt folk, utan du skall älska din nästa som dig själv. Jag är HERREN (3 Mosebok 19:18).

Gläd dig inte när din fiende faller, låt ej ditt hjärta fröjdas när han störtar omkull (Ordspråksboken 24:17).

Om din fiende är hungrig, ge honom att äta, om han är törstig, ge honom att dricka (Ordspråksboken 25:21).

Ni har hört att det är sagt: Du skall älska din nästa och hata din ovän. Jag säger er: Älska era ovänner och be för dem som förföljer er (Matteus 5:43-44).

Om du alltså verkar hålla lagen men inte förlåter en människa som orsakar problem för dig har Gud inte behag till dig, enligt ovanstående verser. Det beror på att Gud har sagt till oss att älska våra fiender. När du håller lagen och när du gör det till det hjärta som Gud vill att du ska ha kan du bli ansedd fullkomligt lydig mot Guds ord.

Lagen är ett tecken på Guds kärlek

Kärlekens Gud vill ge oss ändlösa välsignelser men eftersom Han är en rättfärdig Gud har Han inget annat väl än att lämna över oss till djävulen när vi begår synder. Det är därför som en del troende på Gud lider i sjukdomar och hamnar i olyckor och katastrofer när de inte lever efter Guds ord.

Gud har givit oss många befallningar från Honom i sin kärlek att beskydda oss från dessa prövningar och smärtor. Hur många instruktioner ger föräldrar till sina barn för att skydda dem från katastrofer och olyckor?

"Tvätta dina händer när du kommer hem."
"Borsta dina tänder efter att du har ätit."
"Se dig för innan du går över vägen."

På samma sätt har Gud i sin kärlek sagt till oss att hålla Hans bud och stadgar för vårt eget bästa (5 Mosebok 10:13). Hålla och praktisera Guds ord är som ett ljus på vår resa genom livet. Oavsett hur mörkt det är kan vi tryggt gå vägen fram mot vårt mål med en lampa, och på samma sätt kan vi bli beskyddade när Gud som är ljuset är med oss och vi får njuta av privilegiet och välsignelsen av att vara Guds barn.

Hur älskvärd Gud är när Han med sina vakande ögon beskyddar sina barn som lyder Hans ord och ger dem vad de än ber Honom om! Dessa barn kan också förändra sina hjärtan till rena och goda sådana och efterlikna Gud så mycket att de håller och lyder Guds ord, och känner djupet i Guds kärlek och de kan älska Honom ännu mer.

Den lag som Gud har gett oss är alltså som en lärobok i kärlek som vägleder oss som är under Guds kultivering på jorden till de bästa välsignelserna. Guds lag lägger inga bördor på oss utan beskyddar oss från alla slags katastrofer i denna värld som fienden djävulen och Satan styr över och leder oss till vägen av välsignelser.

Jesus uppfyllde lagen med kärlek

I 5 Mosebok 19:19-21 kan vi se att på det Gamla Testamentets tid när människor begick synder med sina ögon, var deras ögon tvungna att plockas ut. När de syndade med sina händer eller fötter blev deras händer eller fötter avhuggna. När de mördade och begick äktenskapsbrott blev de stenade till döds. Lagen i den andliga världen säger oss att resultatet av våra synder är döden. Det är därför som Gud så allvarligt straffade dem som begick oförlåtliga synder och därför varnar Han många andra människor idag att inte begå samma synder. Men kärlekens Gud hade inte helt och hållet behag till den tro genom vilken de höll sig till lagen och sade, "Öga för öga, och tand för tand." Istället betonade han om och om igen i Gamla Testamentet att de skulle omskära sina hjärtan. Han ville inte att Hans folk skulle känna smärtor på grund av lagen så när tiden var inne sände Han Jesus till jorden och lät Honom ta mänsklighetens alla synder och uppfylla lagen med kärlek.

Om det inte hade varit för Jesu korsfästelse skulle våra händer och fötter huggits av när vi begick synder med våra händer och fötter. Men Jesus tog korset och utgöt sitt dyrbara blod genom att få sina händer och fötter fastnaglade för att tvätta oss rena från alla synder som vi begått med våra händer och fötter. På grund av Guds stora kärlek behöver vi inte längre få våra händer och fötter avhuggna.

Jesus, som är ett med kärlekens Gud, kom hit till jorden och uppfyllde lagen med kärlek. Jesus levde ett exemplariskt liv genom att hålla alla Guds lagar.

Och fast Han höll lagen fullständigt fördömde Han inte dem som misslyckades med att hålla den med att säga, "Ni har brutit lagen och är på väg till döden." Istället undervisade Han folket om sanningen dag och natt så att åtminstone ytterligare en själ skulle kunna omvända sig från sina synder och nå frälsningen och Han arbetade utan uppehåll och botade och satte människor fria som genom sjukdomar, svagheter och demonbesättelse hade varit i bojor.

Jesu kärlek beskrevs på ett fantastiskt sätt när en kvinna som tagits på bar gärning fördes inför Jesus av de skriftlärda och fariséerna. I Johannes evangelium kapitel 8 förde de skriftlärda och fariséerna kvinnan fram till Jesus och frågade Honom, *"I lagen har Mose befallt oss att stena sådana. Vad säger då du?"* (v. 5) Jesus svarade då och sade, *"Den som är utan synd må kasta första stenen på henne"* (v. 7).

Genom att ställa denna fråga till dem ville Han väcka dem inför det faktum att det inte bara var kvinnan utan också de själva, som anklagade henne för hennes äktenskapsbrott och försökte finna grund för att anklaga Jesus, var syndare inför Gud och att ingen ska våga fördöma en annan människa. När människorna hörde detta blev de övertygade i sina samveten och gick bort därifrån en efter en, först de äldre sedan de yngre. Och Jesus lämnades ensam kvar tillsammans med kvinnan som stod i mitten.

Jesus såg blev lämnad ensam kvar med kvinnan och sa till henne, *"Kvinna, var är de [som anklagade dig]? Har ingen dömt dig?"* (v. 10) Hon sa, *"Nej, Herre, ingen."* Och Jesus sade till henne, *"Inte heller jag dömer dig. Gå, och synda inte mer!"* (v. 11)

När kvinnan fördes fram och hennes oförlåtliga synd hade

blivit uppenbarad var hon under stor fruktan. Så du kan tänka dig alla tårar som hon grät av djup tacksamhet när Jesus förlät henne! När hon kom ihåg Jesu förlåtelse och kärlek ville hon inte längre bryta lagen igen eller synda igen. Det blev möjligt eftersom hon mötte Jesus som uppfyllde lagen med kärlek.

Jesus uppfyllde inte bara lagen med kärlek för denna kvinna utan också för alla andra människor. Han höll inte tillbaka sitt liv utan lade ner det för oss syndare på korset med ett hjärta som hos förälder som skulle kunna ge sitt liv för att rädda sitt drunknande barn.

Jesus var fläckfri och ren och Guds enfödde Son men Han bar en obeskrivlig smärta, utgöt allt sitt blod och vatten och gav sitt liv på korset för oss syndare. Hans korsfästelse var det viktigaste momentet i att uppfylla den allra största kärleken genom mänsklighetens historia.

När kraften i Hans kärlek kommer över oss får vi styrka att hålla lagen helt och hållet och kan uppfylla lagen med kärlek på samma sätt som Jesus gjorde.

Om Jesus inte hade uppfyllt lagen med kärlek utan istället med dom och fördömt alla med lagen och vänt sina ögon från syndarna, hur många människor skulle då bli frälsta i världen? Som det är skrivet i Bibeln, *"Ingen rättfärdig finns, inte en enda"* (Romarbrevet 3:10), kan ingen bli frälst.

Därför borde Guds barn som fått förlåtelse för sina synder

genom Guds stora kärlek inte enbart älska Honom genom att hålla Hans befallningar med ett ödmjukt hjärta utan också älska sin nästa som sig själv och tjäna och förlåta dem.

De som dömer och fördömer andra med lagen

Jesus uppfyllde lagen med kärlek och blev mänsklighetens Frälsare men vad gjorde fariséerna, de skriftlärda och judarna? De insisterade på att följa lagen i handling hellre än att helga sina hjärtan som Gud ville, men de trodde att de verkligen hade hållit lagen. De förlät inte heller dem som inte höll lagen utan dömde och fördömde dem.

Men vår Gud vill inte att vi ska döma och fördöma andra utan nåd och kärlek. Inte heller vill Han att vi ska utstå smärtan i att hålla lagen utan att istället uppleva Guds kärlek. Om vi håller lagen men missar att förstå Guds hjärta och misslyckas med att hålla lagen med kärlek är det till ingen nytta för oss.

> *Och om jag ägde profetisk gåva och kände alla hemligheter och hade all kunskap, och om jag hade all tro så att jag kunde flytta berg men inte hade kärlek, så vore jag ingenting. Och om jag delade ut allt vad jag ägde och om jag offrade min kropp till att brännas, men inte hade kärlek, så skulle jag ingenting vinna* (1 Korinterbrevet 13:2-3).

Gud är kärlek och Han gläder sig och välsignar oss när vi gör något med kärlek. På Jesu tid misslyckades fariséerna med att äga kärlek i hjärtat när de höll lagen med sina handlingar och det tjänade ingenting till för dem. De dömde och fördömde andra med kunskapen i lagen, och det gjorde att de kom långt bort från Gud vilket resulterade att de korsfäste Guds Son.

När du förstår Guds sanna vilja inbäddad i lagen

Även på det Gamla Testamentets tid fanns det förfäder i tron som förstod Guds sanna vilja med lagen. Trons fäder som Abraham, Josef, Mose, David, och Elia höll inte bara lagen utan försökte göra sitt bästa att bli Guds sanna barn genom att noggrant omskära sina hjärtan.

Men när Jesus sändes som Messias av Gud för att låta judarna lära känna Abrahams, Isaks och Jakobs Gud kände de inte igen Honom. Det berodde på att de var förblindade av de äldstes stadgar och av laggärningar.

För att kunna vittna om att Han är Guds Son utförde Jesus förundransvärda under och mirakulösa tecken som endast var möjliga genom Guds kraft. Men de kunde varken känna igen Jesus eller ta emot Honom som Messias.

Men det var annorlunda för de judar som hade goda hjärtan. När de lyssnade på Jesu budskap trodde de på Honom och när de såg de mirakulösa tecken som Jesus gjorde trodde de att Gud var med Honom. I Johannes evangeliums tredje kapitel kom en farisé vid namn Nikodemus till Jesus en natt och sade följande till Honom.

Rabbi, vi vet att det är från Gud du har kommit som lärare, ty ingen kan göra sådana tecken som du gör, om inte Gud är med honom (Johannes 3:2).

Kärlekens Gud väntar på Israels återvändande

Varför kände de flesta judarna inte igen Jesus som kom till jorden som Frälsaren? De hade format sina egna ramverk utifrån lagen och de trodde att de älskade och tjänade Gud och var inte villiga att acceptera sådant som var annorlunda än vad de tänkte.

Innan Paulus mötte Herren Jesus trodde han helt och fullt på det att hålla lagen och de äldstes stadgar var att älska och tjäna Gud. Det var därför som han inte accepterade Jesus som Frälsare utan förföljde Honom och Hans troende istället. Efter att han mött den uppståndne Herren Jesus på vägen till Damaskus blev hans ramverk fullständigt raserat och han blev en apostel till sin Herre, Jesus Kristus. Från den stunden gav han till och med sitt liv till Herren.

Denna önskan om att hålla lagen är det som ligger allra djupast i judarna och Guds starkaste punkt med det utvalda Israel. Så snart de då inser Guds sanna vilja inbäddad i lagen kommer de kunna älska Gud mer än alla andra folk och stammar och vara trogen Gud med hela sitt liv.

När Gud ledde folket Israel ut ur Egypten gav Han dem alla lagar och bud genom Mose och sade till dem vad Han verkligen ville att de skulle göra. Han lovade dem att om de älskade Gud, omskar sina hjärtan och levde i enlighet med Hans vilja skulle Han välsigna dem och ge dem förundransvärda välsignelser.

"och du vänder om till HERREN, din Gud, och lyder hans röst, i allt vad jag i dag befaller dig, du och dina barn, av hela ditt hjärta och av hela din själ, då skall HERREN, din Gud, göra slut på din fångenskap och förbarma sig över dig. HERREN, din Gud, skall då åter samla dig från alla folk, dit han har skingrat dig. Även om dina fördrivna skulle vara vid himlens ände, skulle HERREN, din Gud, samla dig därifrån och hämta dig därifrån. HERREN, din Gud, skall föra dig in i det land som dina fäder har haft till besittning, och du skall besitta det. Han skall göra dig gott och föröka dig, mer än dina fäder. HERREN, din Gud, skall omskära ditt hjärta och dina efterkommandes hjärtan, så att du älskar HERREN, din Gud, av hela ditt hjärta och av hela din själ. Då skall du få leva. Och HERREN, din Gud, skall lägga alla dessa förbannelser på dina fiender och på dem som hatar och förföljer dig. Du skall på nytt lyssna till HERRENS röst och följa alla hans bud som jag i dag ger dig" (5 Mosebok 30:2-8).

Som Gud lovade sitt utvalda folk Israel i dessa verser samlade Han sitt folk som hade skingrats över hela världen och lät dem ta tillbaka sitt land efter ett par tusen år och satte dem högt över alla jordens nationer. Trots det har Israel inte kunnat inse Guds stora kärlek genom korsfästelsen och Hans oerhörda plan i att skapa och kultivera mänskligheten utan fortsätter i laggärningar och i de äldstes stadgar.

Kärlekens Gud längtar ivrigt och väntar på att de ska överge sin lögnaktiga tro och ändra sig och bli sanna barn så snart som möjligt. Först och främst måste de öppna sina hjärtan och acceptera Jesus som blev sänd av Gud som mänsklighetens Frälsare och ta emot förlåtelse för sina synder. Därefter måste de inse Guds sanna vilja given genom lagen och få sann tro genom att ivrigt hålla Guds ord och omskära sina hjärtan så att de kan nå fullkomlig frälsning.

Jag ber uppriktigt om att Israel ska upprätta den förlorade avbilden av Gud genom tro som är välbehaglig för Gud och bli Hans sanna barn så att de kan njuta av alla välsignelser som Gud har lovat och kunna få bo i härligheten i den eviga himlen.

Klippmoskéen, en islamisk moské i den förlorade heliga staden Jerusalem

Kapitel 4
Se och hör!

Mot den sista tiden i världen

Bibeln förklarar tydligt för oss både om hur mänskligheten började och hur den kommer att sluta. Under några årtusenden nu har Gud talat om för oss genom Bibeln om sin mänskliga kultivering. Denna historia startade med den första människan på jorden, Adam, och kommer sluta med Herrens andra ankomst på skyarna.

Vad är klockan nu på Guds klocka för den mänskliga kultiveringen och hur många dagar och timmar är det kvar tills klockan ringer in den sista minuten i mänsklighetens kultivering? Låt oss nu se på hur kärlekens Gud har planerat och bestämt sig för att leda Israel till frälsningsvägen.

Uppfyllandet av Bibelns profetior genom mänsklighetens historia

Det finns många profetior i Bibeln och de är alla ord från Gud Skaparen den Allsmäktige. Som sagt i Jesaja 55:11, *"så skall det vara med ordet som går ut från min mun. Förgäves skall det inte vända tillbaka till mig utan att ha verkat vad jag vill, och utfört det vartill jag har sänt ut det"* har Guds ord än så länge uppfyllts exakt och varje ord kommer att uppfyllas.

Israels historia kan uppenbarligen bekräfta att Bibelns profetior har uppfyllts exakt utan det minsta misstag. Israels historia har uppnåtts precis som det blev sagt genom profetiorna i Bibeln: Israels fyrahundraåriga fångenskap i Egypten och Uttåget; deras intåg i Kanaans land som flyter av mjölk och honung; deras rike delades i två – Israel och Juda och deras förstörelse; den babyloniska fångenskapen; Israel återvändande hem; Messias födelse; Messias korsfästelse; Israels förstörelse och skingrande till alla nationer och Israels återupprättande som nation och självständighet.

Mänsklighetens historia står under Gud den Allsmäktiges kontroll och när Han skulle göra något viktig förutsade Han vad som skulle ske till gudsmän (Amos 3:7). Gud förutsade till Noa som var en rättfärdig och oförvitlig man i sin tid att syndafloden skulle komma och förgöra hela jorden. Han sade till Abraham att städerna Sodom och Gomorra skulle förstöras och Han lät profeten Daniel och aposteln Johannes veta vad som skulle ske i den sista tiden i världen.

De flesta profetior som är nedskrivna i Bibeln har blivit uppfyllda exakt och de profetior som väntar på sin uppfyllelse är Herrens andra ankomst och några fler händelser som kommer att föregå det.

Den sista tidens tecken

Oavsett hur allvarligt vi förklarar att vi lever i den sista tiden är det många människor som inte vill tro på det. Istället för att acceptera det tycker de att de som talar om den sista tiden är konstiga och försöker undgå att lyssna på dem. De tror att solen kommer fortsätta att gå upp och ner, att människor kommer fortsätta att födas och dö och att civilisationen kommer fortsätta som den alltid har gjort.

> *I Bibeln står det följande om den sista tiden, "Framför allt skall ni veta, att i de sista dagarna kommer det människor som drivs av sina begär och som förtalar och hånar er och frågar: "Hur går det med löftet om hans återkomst? Ända sedan våra fäder dog förblir ju allting precis som det har varit från världens begynnelse"* (2 Petrusbrevet 3:3-4).

För en människa som föds kommer också en tid för henne att dö. På samma sätt är det med den mänskliga historien, den har en början och den har ett slut. När tiden som är bestämd av Gud är inne kommer allt i den här världen att få sitt slut.

> *På den tiden skall Mikael träda upp, den store fursten, som står som försvarare för dina landsmän. Det kommer en tid av nöd, som inte har haft sin like ända från den dag då människor blev till, ända till den tiden. Men på den tiden skall alla bland ditt folk bli frälsta som finns uppskrivna i boken. De många som sover i mullen skall vakna, några till evigt liv, andra till förakt och evig skam. De förståndiga skall*

då lysa som himlavalvets ljus, och de som har fört många till rättfärdighet, som stjärnor, alltid och för evigt. Men du, Daniel, göm dessa ord och försegla denna skrift till ändens tid. Många skall forska i den och kunskapen skall bli stor (Daniel 12:1-4).

Genom profeten Daniel profeterade Gud om vad som skulle ske i den sista tiden. Somliga säger att profetiorna som gavs genom Daniel redan har blivit uppfyllda i historien. Men denna profetia kommer att uppfyllas helt och hållet i mänsklighetens historias sista stund, och det innehåller alla de tecknen på de sista dagarna i världen som är nedskrivet i Nya Testamentet.

Daniels profetia handlar om Herrens andra ankomst, vers 1 säger, *"Det kommer en tid av nöd, som inte har haft sin like ända från den dag då människor blev till, ända till den tiden. Men på den tiden skall alla bland ditt folk bli frälsta som finns uppskrivna i boken"* och förklarar för oss om den sjuåriga stora vedermödan som kommer att ske i världens sista tid och om sista stundens frälsning.

Den andra halvan av vers 4 säger, *"Många skall forska i den och kunskapen skall bli stor"* och förklarar vardagslivet som människor lever idag. Konklusionen blir att Daniels profetior inte handlar om Israels förstörelse som skedde år 70 e Kr utan om den sista tidens tecken.

Jesus talade till sina lärjungar om den sista tidens tecken och om tidsålderns slut i detalj. I Matteus 24:6-7, 11-12, sade Han,

"Ni kommer att höra stridslarm och rykten om krig. Folk skall resa sig mot folk och rike mot rike, och det skall bli hungersnöd och jordbävningar på den ena platsen efter den andra. Många falska profeter skall träda fram och bedra många. Och eftersom laglösheten tilltar, kommer kärleken att svalna hos de flesta."

Hur är situationen i världen idag? Vi hör nyheter om krig och rykten om krig och terrorism blir fler för varje dag. Nationer strider mot varandra och riken mot varandra. Det finns mycket hungersnöd och jordbävningar. Det sker ett antal olika slags naturkatastrofer, och katastrofer på grund av ovanliga väderförhållanden. Också laglösheten ökar och ökar över hela jorden, synder och ondska överflödar över hela världen, och människors kärlek kallnar.

Detsamma är skrivet i det andra brevet till Timoteus.

Det skall du veta att i de sista dagarna skall det komma svåra tider. Människorna kommer att älska sig själva och vara penningkära, skrytsamma, stolta, hånfulla, olydiga mot sina föräldrar, otacksamma, gudlösa, kärlekslösa, oförsonliga, skvalleraktiga, obehärskade, råa, fientliga mot det goda, falska, egensinniga och högmodiga. De skall älska njutning i stället för Gud och ha ett sken av gudsfruktan men förneka dess kraft. Håll dig borta från dem! (2 Timoteusbrevet 3:1-5).

Idag tycker människor inte människor om goda ting utan älskar pengar och nöjen. De söker sitt eget bästa och begår fruktansvärda synder och ondska som mord och mordbränder utan tvekan eller samvetskval. Sådant sker alltför ofta och så mycket likt detta pågår runt omkring oss så att människors hjärtan har avtrubbats mer och mer till den grad att ingenting tycks förvåna majoriteten av människorna längre. När vi ser allt detta kan vi inte förneka att mänsklighetens historia verkligen är på väg mot sitt slut.

Även Israels historia ger oss tecken på Herrens andra ankomst och tidens slut för världen.

I Matteus 24:32-33 står det, *"Lär av en jämförelse med fikonträdet. Redan när kvisten blir mjuk och bladen spricker ut, vet ni att sommaren är nära. När ni ser allt detta vet ni på samma sätt att han är nära och står vid dörren."*

"Fikonträdet" betyder Israel. Ett träd ser dött ut på vintern men när våren kommer skjuter det skott igen och dess grenar växer och grönskar. Alltsedan Israels förstörelse år 70 e kr verkade det som att Israel försvann under två tusen år men när Guds utvalda tid var inne proklamerade hon sin självständighet och staten Israel proklamerades den 14 maj, 1948.

Vad som är än viktigare är att Israels självständighetsförklaring talar för att Jesu Kristi andra ankomst är mycket nära förestående. Därför borde Israel inse att Messias, som de fortfarande väntar på, kom till jorden och blev mänsklighetens

Frälsare för 2 000 år sedan och komma ihåg att Frälsaren Jesus kommer tillbaka till jorden som Domaren förr eller senare.

Vad kommer då ske med oss som lever i de sista dagarna enligt Bibelns profetior?

Herrens ankomst på skyarna och uppryckelsen

För ungefär 2 000 år sedan korsfästes Jesus och uppstod från det döda på den tredje dagen genom att bryta dödens makt och därefter blev Han upptagen till himlen och många människor såg Hans upptagande.

Ni män från Galileen, varför står ni och ser mot himlen? Denne Jesus som har blivit upptagen från er till himlen, han skall komma igen på samma sätt som ni har sett honom fara upp till himlen (Apostlagärningarna 1:11).

Herren Jesus öppnade dörren till frälsning för mänskligheten genom sin korsfästelse och uppståndelse och blev upptagen till himlen och satte sig till höger om Guds tron och förbereder himmelska boningar för dem som blivit frälsta. Och när mänsklighetens historia tar slut kommer Han tillbaka för att hämta oss hem. Hans andra tillkommelse är väl beskriven i 1 Tessalonikerbrevet 4:16-17.

Ty när en befallning ljuder, en ärkeängels röst och en Guds basun, då skall Herren själv stiga ner från himlen. Och först skall de som dött i Kristus Jesus uppstå. Därefter skall vi som lever och är kvar ryckas upp bland moln tillsammans med dem för att möta Herren i rymden. Och så skall vi alltid vara hos Herren.

Vilken majestätisk syn när Herren kommer ner på skyarna i härlighet tillsammans med oändligt antal änglar och himmelska härar! De som har blivit frälsta får ikläda sig oförgängliga kroppar och möta Herren i skyn och sedan vara med och fira på den sjuåriga bröllopsfesten tillsammans med Herren vår evige Brudgum.

De som har blivit frälsta kommer att uppryckas till skyn och möta Herren och i det som kallas "uppryckelsen." Luftens rike betyder den del av andra himlen som Gud har förberett för den sjuåriga bröllopsfesten.

Gud har delat upp den andliga världen i några områden och ett av dem är den andra himlen. Den andra himlen är delad i två områden – Eden som är en värld av ljus, och en annan del höljd i mörker. I världen av ljus finns ett särskilt område förberett för den sjuåriga bröllopsfesten.

Människor som har smyckat sig själva med tro för att nå frälsning i den här världen full av synder och ondska kommer att ryckas upp i skyn som Herrens brud och sedan möta Herren och njuta av bröllopsfesten i sju år.

"'Låt oss vara glada och jubla och ge honom äran. Ty Lammets bröllop har kommit, och hans brud har gjort sig redo. Åt henne har givits att klä sig i skinande, rent linnetyg.' Linnetyget är de heligas rättfärdighet. Och ängeln sade till mig: 'Skriv! Saliga är de som är bjudna till Lammets bröllopsmåltid.' Och han tillade: 'Dessa Guds ord är sanna'" (Uppenbarelseboken 19:7-9).

De som har tagits upp i skyn kommer att blir tröstade under bröllopsfesten med Herren för att de övervann världen med tro medan de som inte blir uppryckta kommer gå igenom fruktansvärt lidande från onda andar som drivits ut till jorden vid Herrens andra tillkommelse på skyn.

Den sjuåriga vedermödan

Medan de som har blivit frälsta njuter av den sjuåriga bröllopsfesten i skyn och drömmer om den lyckliga och eviga himlen kommer den mest fruktansvärda vedermöda vars motstycke inte går att finna under mänsklighetens historia komma över hela jorden och hemska saker kommer att ske.

Hur kommer då den sjuåriga vedermödan starta? Eftersom vår Herre kommer tillbaka på skyn och så många människor kommer uppryckas dit på en gång kommer de som blir kvar på jorden att bli så panikslagna och chockade över deras familjer, vänner och grannars plötsliga försvinnande och de kommer irra runt för att leta reda på dem.

Snart kommer de inse att uppryckelsen som de kristna har talat om faktiskt har hänt. De kommer känna skräck inför tanken på den sjuåriga vedermödan som ligger framför dem. De kommer bli överväldigade av gastkramande ångest och panikkänslor. Och när piloter, båtkaptener, lokförare, bilförare och andra fordons förare blir uppryckta till himlen kommer mängder av trafikolyckor och bränder utbryta och byggnader kommer kollapsa, och då fylls världen av kaos och stor oreda.

Då kommer en person uppträda och bringa fred och ordning i världen. Han är härskaren i den europeiska unionen. Han kommer att föra politikens, ekonomins och den militära organisationens krafter tillsammans och med den förenade makten kommer han bevara ordningen i världen och komma med fred och stabilitet till samhällena. Det är därför så många människor kommer att glädja sig när han träder fram på världsscenen. Många kommer entusiastiskt välkomna honom, lojalt stödja honom och aktivt hjälpa honom.

Han kommer vara den antikrist som det står om i Bibeln som kommer leda den sjuåriga vedermödan, men under en tid kommer han uppträda som "fredens budbärare." I verkligheten kommer antikrist skapa fred och ordning för människorna i den tidiga början på den sjuåriga vedermödan. Det redskap han kommer använda för att få världsfred är vilddjurets märke, talet "666" som är nedskrivet i Bibeln.

Och det tvingar alla, små och stora, rika och fattiga, fria och slavar, att ta emot ett märke på högra handen eller på pannan, så att ingen kan köpa eller sälja utom den som har märket, vilddjurets namn eller dess namns tal. Här gäller det att vara vis. Den som har förstånd må räkna ut vilddjurets tal, ty det är en människas tal. Och dess tal är sexhundrasextiosex (Uppenbarelseboken 13:16-18).

Vad är vilddjurets märke?

Vilddjuret är en dator. Den europeiska unionen (EU) kommer att samordna sina organisationer och ta försprånget när det gäller utvecklingen av datorer. Genom datorerna i EU kommer alla människor få en streckkod på sin högra hand eller på pannan. Denna streckkod är vilddjurets märke. All personlig information om individen kommer läggas in i streckkoden, och streckkoden kommer inplanteras i hans/hennes kropp. Med denna streckkod på kroppen kommer EU:s datorer kunna monitorera, se, inspektera, och kontrollera och i detalj veta var personen är och vad han/hon gör.

Våra tillfälliga kreditkort och ID-kort kommer att ersättas av vilddjurets märke, "666." Då kommer människor inte längre behöva kontanter eller checkar. De behöver inte heller länge oroa sig över att förlora sina ägodelar eller att bli rånade på sina pengar. Dessa starka argument kommer få vilddjurets märke

"666" att på kort tid sprida sig över hela världen och utan detta märke kommer ingen kunna bli identifierad och ingen kommer heller kunna köpa eller sälja något.

Från början av den sjuåriga vedermödan kommer människor ta emot vilddjurets märke men de kommer inte tvingas att ta emot det. De kommer bara bli rekommenderade att göra så till dess att EU:s organisation är fullt utvecklad. Så snart den första halvan av den sjuåriga vedermödan är över och organisationen stabiliserats kommer EU tvinga varenda en att ta emot märket och kommer inte förlåta dem som vägrar ta emot det. EU kommer alltså binda människor genom vilddjurets märke och kunna leda dem som man vill.

Mot slutet kommer de flesta människorna som blivit kvar i den sjuåriga vedermödan bli underställda antikrists kontroll och vilddjurets styre. Eftersom denne antikrist kommer kontrolleras av fienden djävulen kommer EU få människor att gå emot Gud och leda dem till ondskans, orättfärdighetens, synden och förstörelsens väg.

Men vissa människor kommer inte ge efter för antikrists styre. De är dem som trodde på Jesus Kristus men som misslyckades i att bli uppryckta till himlen vid Herrens andra tillkommelse eftersom de inte hade sann tro.

Somliga av dem accepterade en gång Herren och levde i Guds nåd men förlorade nåden och återvände till världen, och andra som bekände sin tro på Kristus och gick i kyrkan men levde världsliga liv eftersom de misslyckades med att få andlig tro. Där finns andra som genom uppryckelsen precis tagit emot Herren Jesus Kristus och några judar som genom den väcktes ur sin andliga slummer.

När de såg att uppryckelsen verkligen skedde kommer de inse att alla ord i både det Gamla och Nya Testamentet är sanna och de kommer att gråta och klaga. De kommer bli fångade av stor fruktan, omvända sig från att inte ha levt efter Guds vilja och istället försöka finna en väg att ta emot frälsningen.

> *En annan ängel, den tredje, följde dem och sade med stark röst: "Den som tillber vilddjuret och dess bild och tar dess märke på sin panna eller sin hand, han skall själv få dricka av Guds vredes vin, som oblandat hälls i Guds vredes bägare. Han kommer att plågas i eld och svavel inför de heliga änglarna och inför Lammet. Röken från deras plåga stiger upp i evigheternas evigheter. De har ingen ro eller vila vare sig dag eller natt, dessa som tillber vilddjuret och dess bild och tar emot märket med dess namn. I detta visar sig de heligas uthållighet: de håller fast vid Guds bud och tron på Jesus"* (Uppenbarelseboken 14:9-12).

Om någon tar emot vilddjurets märke tvingas han att lyda antikrist som går emot Gud. Det är därför som Bibeln betonar att den som tagit emot vilddjurets märke inte kan ta emot frälsningen. Under vedermödan kommer de som insett detta göra sitt bästa för att inte ta emot vilddjurets märke för att kunna bevisa att de har tro.

Antikrists identitet kommer att bli fullständigt avslöjad. Han kommer skilja ut dem som står emot hans riktlinjer och som vägrar ta emot vilddjurets märke och anse dem vara orena i samhället. Om de står emot kommer allvarlig förföljelse och martyrskap att följa.

Frälsning genom martyrskap för att de inte tog emot vilddjurets märke

Lidandet för dem som vägrar att ta emot vilddjurets märke under den sjuåriga vedermödan kommer vara ofattbart stort. Lidanden blir för svåra för dem att utstå vilket kommer att leda till att bara några få kommer övervinna det och få en sista chans till frälsning. Några av dem kommer säga "Jag kommer inte överge min tro på Herren. Jag kommer fortsätta tro på Honom i mitt hjärta men lidanden är mig så övermäktiga att jag bara kommer förneka Herren med min mun. Gud kommer förstå mig och frälsa mig ändå" och sedan ta emot vilddjurets märke. Men deras frälsning kommer inte kunna ges till dem överhuvudtaget.

För några år sedan medan jag bad visade Gud mig i en vision hur några av dem som kommer bli kvar i den stora vedermödan vägrade ta emot vilddjurets märke och bli torterade. Det var verkligen en fruktansvärd syn! Torterarna drog skinnet av kropparna, bröt sönder alla leder, klippte av fingrar, armar och ben och hällde kokande olja på deras kroppar.

Under andra världskriget pågick en fruktansvärd slakt och tortyr och man utförde medicinska experiment på levande kroppar. Det lidandet kan inte jämföras med det i den sjuåriga vedermödan. Efter uppryckelsen kommer antikrist som är ett med fienden djävulen att styra världen med järnhand och inte visa nåd eller medlidande mot någon enda.

Fienden djävulen och antikrists styrkor kommer övertala människor att förneka Jesus på vilket sätt som helst för att driva dem till helvetet. Med skickliga och hemska tortyrmetoder kommer de tortera troende men inte omedelbart döda dem. Alla slags tortyrmedel och moderna tortyrredskap kommer att användas för att driva de troende till den yttersta paniken och smärtan. Men det kommer inte att få den fruktansvärda tortyren att upphöra.

De lidande människorna kommer önska sig döden men inte kunna välja den eftersom antikrist inte kommer låta dem dödas enkelt och de vet väl att självmord aldrig kan leda till frälsning.

I visionen visade Gud mig att de flesta människorna inte skulle kunna uthärda tortyrsmärtan och istället ge efter för antikrist. Under en tid verkade en del av dem kunna uthärda och övervinna tortyren med sin starka vilja, men när de fick se sina älskade barn eller föräldrar torteras på samma sätt gav de efter och överlämnade sig till antikrist och tog emot vilddjurets märke.

Bland dessa torterade människor kommer endast ett fåtal som har fasta och sanna hjärtan att övervinna denna fruktansvärda tortyr och besegra antikrists frestelse och dö som martyrer. På så sätt kommer de som bevarat sin tro genom martyrskapet under den stora vedermödan kunna delta i frälsningsparaden.

Vägen till frälsning från den kommande vedermödan

När det andra världskriget bröt ut hade judarna, som hade levt i fred i Tyskland, ingen aning om att ett fruktansvärt massmord där sex miljoner människor skulle slaktas väntade dem. Ingen visste eller kunde förutsäga att Tyskland som tidigare hade gett dem fred och relativt stabil tillvaro plötsligt skulle förvandlas till en ond makt på en sådan kort period.

Utan att veta vad som skulle hända med dem var judarna hjälplösa och kunde inte göra någonting för att undkomma detta stora lidande. Gud önskar att Hans utvalda folk ska kunna undvika den kommande katastrofen i den närliggande framtiden. Det är därför som Gud har skrivit ned världens slut i detalj i Bibeln och har låtit människor varna Israel för den kommande vedermödan och väcka dem.

Det viktigaste för Israel att känna till är att katastrofen som den stora vedermödan är inte kan stoppas. Istället för att fly från den kommer Israel att fångas i centrum av den stora vedermödan. Jag önskar att du skulle inse att denna vedermöda snart kommer att inträffa och att den kommer över dig som en tjuv om du inte är förberedd. Du måste vakna upp från den andliga slummern om du ska kunna undkomma den fruktansvärda katastrofen.

Just nu är tiden då Israel måste vakna upp! De måste omvända sig från att de inte kände igen Messias, och acceptera Jesus Kristus som mänsklighetens Frälsare, och få sann tro som Gud vill att de ska ha så att de glädjefulla kommer uppryckas när Herren kommer tillbaka på skyn.

Jag uppmanar dig att komma ihåg att antikrist kommer att framträda inför dig som en fredens budbärare på samma sätt som Tyskland gjorde tiden innan det andra världskriget. Han kommer erbjuda fred och tröst, men sedan plötsligt och fullständigt oväntat blir antikrist mäktig, med en makt som hela tiden växer, och han kommer orsaka lidanden och katastrofer bortom all föreställning.

Tio tår

Bibeln har många profetiska bibelställen som kommer fullbordas i framtiden. Om vi särskilt tittar på de profetior som är nedskrivna av de stora profeterna i det Gamla Testamentet berättar de inte bara om Israels utan om världens framtid i förväg för oss. Vad tror du orsaken till detta är? Guds utvalda folk har varit, är och kommer att vara centrum i mänsklighetens historia.

Stor staty nedskriven i Daniels profetia

I Daniels bok profeteras det inte bara om Israels framtid utan också om hur världen ska ha utvecklats i de sista dagarna i förhållande till Israels slut. I Daniels bok 2:31-33, tolkar Daniel en dröm som kung Nebukadnessar haft genom Guds inspiration, och uttydelsen var en profetia om vad som skulle ske i den sista tiden i världen.

Du, o konung, såg i din syn en stor staty framför dig, och den var hög och dess glans överväldigande. Den var förskräcklig att se på. Huvudet på statyn var av fint guld, bröstet och armarna av silver, buken och höfterna av koppar. Benen var av järn, och fötterna delvis av järn och delvis av lera (Daniel 2:31-33).

Vad profeterar dessa verser om när det gäller världssituationen i de sista dagarna?

"Den stora statyn" som kung Nebukadnessar såg i sin dröm är ingen annan än den europeiska unionen. Idag kontrolleras världen av två stormakter – Amerikas förenta stater och den europeiska unionen. Influenserna från Ryssland och Kina kan naturligtvis inte ignoreras. Men det är ändå Amerikas förenta stater och den europeiska unionen som har störst inflytande och makt i världen när det gäller ekonomi och militär styrka. För närvarande verkar EU vara lite svagare men det kommer mycket snabbt att växa till i styrka. Det finns inga tvivel om det idag. Fram tills nu har USA varit den enda dominerande nationen i världen men lite i taget blir EU dominantare världen över jämfört med USA.

För bara några årtionden kunde ingen förställa sig att Europas länder skulle kunna bli enade under ett styre. Länderna i Europa har givetvis diskuterat om en europeisk union under en lång tid men ingen kunde föreställa sig att de skulle kunna överbrygga de nationella barriärerna, språkskillnaderna, valutan, och många andra barriärer för att kunna skapa en förenad kropp.

I början på 1980-talet började ledarna för de europeiska

länderna allvarligt samtala om saken helt enkelt på grund av ekonomiska bekymmer. Under det Kalla kriget lång den huvudsakliga makten i att bevara dominansen över världen med den militära styrkan, men sedan det Kalla kriget fick sitt avslut har den huvudsakliga makten flyttats över från den militära makten till ekonomisk makt.

För att förbereda sig inför detta har Europas länder försökt förena sig och det har lett till att de har gått samman i en ekonomisk union. Det enda som är kvar att skapa är den politiska enheten, att föra länderna samman under en regering och situationen nu sporrar fram det.

Den staty som Daniel 2:31 talar om *"en stor staty framför dig, och den var hög och dess glans överväldigande"* profeterar om den europeiska unionens tillväxt och aktivitet. Det berättar för oss om hur stark och mäktig den europeiska unionen kommer att bli.

EU kommer besitta stor makt

Hur kommer EU kunna bli mäktigt? Daniel 2:32 och vidare ger oss en förklaring till vad statyns huvud, bröstet, armarna, buken, höftena, benen och fötterna är gjorda av.

För det första säger vers 32, *"Huvudet på statyn var av fint guld."* Detta profeterar om att EU kommer växa ekonomiskt och genom planekonomisk makt utöka sin rikedom. Som det profeteras här kommer EU göra stora vinster och förtjänster genom ekonomisk enhet.

Samma vers säger härnäst, *"bröstet och armarna [var gjorda] av silver."* Det symboliserar att EU kommer att verka enat på den sociala, kulturella och politiska arenan. När en enskild president blir vald att representera EU kommer det leda till yttre politisk enhet och EU kommer att bli fullständigt förenade när det gäller sociala och kulturella aspekter. Men i en situation med ofullständig enhet kommer varje enskild medlemsstat söka sina egna ekonomiska vinster.

Sedan står det, *"buken och höfterna [var gjorda] av koppar."* Det symboliserar att EU kommer uppnå militär enhet. Varje land i EU vill besitta ekonomisk styrka. Denna militära enhet kommer vara grundläggande för de ekonomiska vinsterna vilket är det ultimata målet. För att tillsammans ta kontrollen över världen med ekonomisk styrka kommer det inte finnas något annat val än att bli enade på den sociala, kulturella, politiska och militära arenan.

Till sist står det, *"Benen var av järn."* Detta talar om en annan stark grund för att stödja och stärka EU, religiös enhet. I det tidiga stadiet kommer EU proklamera katolicism som statsreligion. Katolicismen kommer växa i styrka och bli ett stöd i att förstärka och uppehålla EU.

Den andliga betydelsen av de tio tårna

När EU lyckas med att ena många länder på den ekonomiska, politiska, sociala, kulturella, militära och religiösa arenan kommer EU stoltsera med sin enhet och makt till en början, men lite i sänder kommer de börja uppleva tecken på splittring och upplösning.

I början av EU kommer EU:s nationer bli enade på grund av att de ger eftergifter till varandra för allas ekonomiska vinst. Men allt eftersom tiden går kommer sociala, kulturella, politiska och ideologiska skillnader och splittring uppresa sig mitt ibland dem. Sedan kommer olika tecken på separation uppstå. Till slut kommer religiösa konflikter upp till ytan – konflikter mellan katolicism och protestantism.

Daniel 2:33 säger, *"fötterna delvis av järn och delvis av lera."* Det betyder att några av de tio tårna är gjorda av järn, andra av lera. De tio tårna betyder inte "EU:s 10 länder." Det betyder istället "de fem representerade länderna som tror på katolicism och fem andra representerade länder som tror på protestantism."

Precis som järn och lera inte kan blandas samman kommer de länder som domineras av katolicism och de som domineras av protestantism inte kunna bli fullständigt enade, det betyder, de som dominerar och de som blir dominerade kan inte blandas.

När tecken på splittring av EU växer kommer de känna en

ökad nödvändighet av att förena länderna under en religion och katolicismen får mer makt på fler platser.

På grund av ekonomiska vinster kommer alltså den Europeiska unionen formas i de sista dagarna, och sedan resa sig som en världsmakt. Senare kommer EU förena sig under en religion, katolicism, och enheten i EU kommer bli starkare, och slutligen träder EU fram som en avgud.

Avgudar är objekt som blir tillbedda och respekterade av folket. På det här sättet kommer EU leda världens händelser med stor makt och styra över världen likt en mäktig avgud.

Tredje världskriget och den europeiska unionen

Som tidigare nämnts kommer oräkneliga troende samtidigt lyftas upp på skyarna när vår Herre kommer tillbaka på skyarna och ett enormt kaos kommer utbryta på jorden. Under tiden tar EU makten och kontrollen över världen i världsfredens och världsordningens namn och men senare kommer EU stå emot Herren och leda världen in i den sjuåriga vedermödan.

Senare kommer EU:s medlemsstater skiljas åt eftersom de alla söker sitt eget bästa. Detta kommer ske mitt i den sjuåriga vedermödan. Starten på denna sjuåriga vedermöda, som det profeterats om i det tolfte kapitlet i Daniels bok, kommer att ske i enlighet med flödet i Israels historia parallellt med världshistorien.

Strax efter att den sjuåriga vedermödan påbörjats kommer EU ha en enorm tillväxt i makt och styrka. De kommer välja en enda president över hela unionen. Det kommer ske just efter att de som har accepterat Jesus Kristus som sin Frälsare och tagit emot rätten att bli Guds barn i ett ögonblick har förvandlats och lyfts upp till himlen vid Herrens andra tillkommelse på skyarna.

De flesta judar som inte tog emot Jesus som Frälsaren kommer bli kvarlämnade på jorden och lida under den sjuåriga vedermödan. Vedermödans enorma elände och stora skräck kommer att vara obeskrivligt. Jorden kommer att fyllas av fruktansvärda händelser som krig, mord, avrättningar, hungersnöd, sjukdomar, och en nöd så extrem att något liknande aldrig har skådats i mänsklighetens historia.

Starten på den sjuåriga vedermödan kommer att signaleras i Israel genom ett krig som kommer att bryta ut mellan Israel och Mellanöstern. Under en lång tid har det existerat starka spänningar mellan Israel och resten av Mellanösterns nationer och gränsdiskussioner har aldrig fått sitt slut. I framtiden kommer dessa dispyter bli än värre. Ett allvarligt krig kommer att utbryta eftersom världsmakterna vill ingripa på grund av oljan. De bråkar med varandra för att få högre titlar och företräden i internationella förbindelser.

USA som traditionellt varit Israels allierade under en väldigt lång tid kommer att fortsätta att stödja Israel. Den europeiska unionen, Kina och Ryssland, vilka är motståndare till USA kommer alliera sig med Mellanöstern och då kommer det tredje världskriget bryta ut mellan båda sidor.

Det tredje världskriget kommer vara helt annorlunda mot det andra världskriget i skala. Under det andra världskriget dödades eller dog mer än 50 miljoner människor till följd av kriget. Kraften i de nuvarande moderna vapnen som kärnkraftsbomber, kemiska och biologiska vapen och många andra kan inte jämföras med de som användes under andra världskriget och konsekvensen av dessa kommer att vara ofattbart stora.

Alla slags vapen inklusive kärnkraftbomber och andra uppgraderade vapen som uppfunnits kommer att användas utan nåd och obeskrivlig förstörelse och slakt kommer att följa. Länder som skulle kunnat vinna kommer bli fullständigt förgjorda och utfattiga. Det kommer inte bli något slut på det kriget. Kärnkraftsexplosioner kommer efterföljas av radioaktivitet och radioaktivt avfall, allvarliga klimatförändringar och en stor nöd kommer övertäcka hela jorden. Det kommer leda till att hela jorden, inklusive de länder som krigar kommer befinna sig i ett helvete på jorden.

Ungefär halvvägs in i perioden kommer de stoppa kärnvapenattackerna eftersom om kärnkraftsvapen används mer kommer det hota hela mänsklighetens existens. Men alla andra vapen och stora arméer kommer sändas ut i kriget. USA, Kina och Ryssland kommer inte att kunna återhämta sig.

De flesta av världens länder kommer nästan gå under men EU kommer undkomma den värsta skadan. EU utlovar sitt stöd till Kina och Ryssland men under kriget deltar inte EU aktivt i striden vilket kommer göra att förlusten inte blir lika stor som för andra.

När många världsmakter inklusive USA lidit stor förlust och förlorat makten i den virvelvind av omåttlig krigföring som svept över världen kommer EU bli den enda alliansen med makt att styra över hela världen. I början kommer EU helt enkelt se på hur kriget eskalerar och när andra nationer går under ekonomiskt och militärt kommer EU träda fram och för att lösa kriget. De andra nationerna kommer inte ha något annat val än att följa EU:s beslut eftersom de har förlorat all makt.

Vid den här tidpunkten kommer den andra delen av den sjuåriga vedermödan starta och under de nästkommande tre och ett halvt året kommer antikrist, som är EU:s makthavare att kontrollera hela världen och helgonförklara sig själv. Och antikrist kommer att plåga och förfölja dem som står emot honom.

Antikrists sanna natur avslöjad

I det tidiga stadiet av det tredje världskriget kommer många länder ha lidit stora förluster i kriget och EU kommer utlova ekonomiskt stöd till dem genom Kina och Ryssland. Israel kommer att ha offrats som det centrala orsaken till kriget och vid den här tiden kommer EU ge löfte om att bygga upp Gud heliga tempel som Israel har längtat efter. Genom denna handling från EU kommer Israel drömma om den underbara väckelsen de hade i Guds välsignelse för så länge sedan. Det kommer leda till att också de alliera sig med EU.

På grund av sitt stöd till Israel kommer EU:s president anses vara judarnas frälsare. Den utdragna striden i Mellanöstern kommer verka få sitt slut och de kommer återigen bygga upp det heliga landet och bygga Guds heliga tempel. De kommer att tro att Messias och deras Kung, som de väntat på så länge, äntligen har kommit och fullständigt upprättat Israel och förhärligat dem.

Men deras förväntningar och glädje kommer att falla platt till marken. När Guds heliga tempel återuppbyggts i Jerusalem kommer något oväntat att ske. Detta har blivit profeterat om i Daniels bok.

Han skall stadfästa förbundet med de många under en vecka, och mitt i veckan skall han avskaffa slaktoffer och matoffer. Och på styggelsers vinge skall förödaren komma, till dess att förstöring och oryggligt beslutad straffdom utgjuts över förödaren (Daniel 9:27).

Härar från honom skall komma, och de skall orena helgedomen, tillflyktsorten, avskaffa det dagliga offret och ställa upp förödelsens styggelse (Daniel 11:31).

Från den tid då det dagliga offret blir avskaffat och förödelsens styggelse uppställd skall det gå 1290 dagar (Daniel 12:11).

Dessa tre verser handlar alla om en enda händelse. Det är det som kommer att ske i tidsålderns slut och Jesus talade också om tidens slut med denna vers.

Han sa i Matteus 24:15-16, *"När ni då ser 'förödelsens styggelse', som profeten Daniel talar om, stå på helig plats – den som läser detta bör noga lägga märke till det – då måste de som är i Judeen fly bort till bergen."*

Till en början kommer judarna att tro att EU har återuppbyggt Guds heliga tempel i det heliga landet som de ansåg var heligt, men när vederstyggligheten står på den heliga platsen kommer de bli chockade och inse att deras tro varit fel. De kommer inse att de har vänt bort sina ögon från Jesus Kristus och att Han är deras Messias och mänsklighetens Frälsare.

Det är orsaken till att Israel måste vakna upp nu. Om inte Israel vaknar upp nu kommer de inte att inse sanningen i rätt tid. Israel kommer att inse sanningen för sent och då kommer det att vara oåterkalleligt.

Så enträget jag önskar för dig Israel att du ska vakna upp så att du inte ska falla i antikrists frestelse och ta emot vilddjurets märke. Om du blir bedragen av antikrists ljuvliga och frestande ord som lovar dig fred och överflöd och du tar emot vilddjurets märke, 666, kommer du tvingas att gå på vägen till oåterkallelig och evig död.

Vad som är än mer ledsamt är att det bara är efter att vilddjurets identitet blivit avslöjad, som profeterad av Daniel, som många av judarna kommer att inse att deras tros fokus varit fel. Genom denna bok önskar jag att ni ska ta emot Messias som redan sänts av Gud och undvika att hamna i den sjuåriga vedermödan.

Som jag därför tidigare har sagt dig, måste du acceptera Jesus Kristus och äga den tro som är rätt i Guds ögon. Det är den enda vägen för dig att undkomma den sjuåriga vedermödan.

Vad ledsamt det skulle vara om du misslyckas i att bli uppryckt till himlen och istället blir lämnad kvar på jorden vid Herrens andra tillkommelse. Men lyckligtvis kommer du finna en sista chans till frälsning.

Jag ber enträget er om att acceptera Jesus Kristus omedelbart och leva i gemenskap med bröder och systrar i Kristus. Det är inte för sent än för er att lära er genom Bibeln och denna bok hur du kan bevara din tro i den kommande vedermödan och finna vägen som Gud har förberett för din sista möjlighet till frälsning, och ledas på just denna väg.

Guds osvikliga kärlek

Gud har uppfyllt sin plan för mänsklighetens frälsning genom Jesus Kristus och oavsett ras eller nationalitet blir var och en som accepterar Jesus som sin Frälsare och gör Guds vilja Hans barn och får njuta av evigt liv.

Men vad händer med Israel och dess folk? Många av dem har inte accepterat Jesus Kristus och håller sig långt borta från frälsningens väg. Vad tragiskt det skulle vara om de misslyckas med att inse att vägen till frälsning går genom Jesus Kristus när Herren kommer tillbaka på skyarna och Guds frälsta barn kommer uppryckas från jorden upp i skyn!

Vad kommer det då bli av Guds utvalda Israel? Kommer de bli exkluderade från Guds frälsta barns parad? Kärlekens Gud har förberett en förunderlig plan för Israel i mänsklighetens historias sista stund.

> *Gud är inte en människa, så att han skulle ljuga, inte en människoson, så att han skulle ångra sig. Säger han något utan att göra det, talar han något utan att fullborda det?* (4 Mosebok 23:19)

Vad är det för plan som Gud har för Israel i den allra sista tiden? Gud har förberett en väg av "skamfylld frälsning" för sitt utvalda Israel så att de kan komma in i frälsningen genom att inse att Jesus som de korsfäste är den verklige Messias som de har väntat på så länge och ordentligt omvänder sig från sina synder.

Skamfylld frälsning

Under den sjuåriga vedermödan kommer somliga som blivit kvarlämnade på jorden tro och acceptera att himlen och helvetet verkligen existerar, Gud lever och att Jesus Kristus är deras ende Frälsare för att de har sett många människor bli uppryckta till himlen och plötsligt inser sanningen. De kommer inte heller gå med på att ta emot vilddjurets märke. Efter uppryckelsen kommer de förvandlas i sig själva, läsa Guds ord som nedskrivits i Bibeln, mötas och ha gudstjänster tillsammans och försöka leva efter Guds ord.

I början på den stora vedermödan kommer många människor kunna leva religiösa liv och till och med evangelisera andra eftersom det ännu inte kommer finnas någon organiserad förföljelse. De kommer inte ta emot vilddjurets märke eftersom de redan vet att de inte kan bli frälsta med märket och de kommer göra sitt bästa för att leva liv som är värdiga att vinna frälsning till och med under den stora vedermödan. Men det kommer bli verkligt svårt för dem att bevara sin tro eftersom den Helige Ande har lämnat världen.

Många av dem kommer att gråta mycket eftersom de inte

kommer ha någon som kan leda gudstjänsterna och hjälpa dem att växa i tro. De kommer att vara tvungna att bevara sin tro utan beskyddet och styrkan från Guds Ande. De kommer sörja eftersom de kommer att ångra sig att de inte hade följt undervisningen i Guds ord när de fick rådet att acceptera Jesus Kristus och leva trofasta liv i tro. De kommer att bli tvungna att bevara sin tro under alla slags prövningar och förföljelser i den här världen i vilken de också kommer ha svårt att finna det sanna Guds ord.

Somliga kommer gömma sig djupt in i avlägsna bergstrakter för att inte behöva ta emot vilddjurets märke, 666. De kommer att tvingas leta efter plantor och rötter och träd och döda djur för att kunna äta eftersom de varken kan köpa eller sälja något utan vilddjurets märke. Men under den andra halvan av den stora vedermödan kommer antikrist under tre och ett halvt år att starkt och medvetet jaga de troende. Det kommer inte spela någon roll i vilken avlägsen bergstrakt de gömmer sig i, de kommer ändå hittas och tillfångatas av armén.

Vilddjurets regering kommer söka upp dem som inte har tagit emot vilddjurets märke och tvinga dem att förneka Herren och ta emot märket under svår tortyr. Till slut kommer många av dem att ge upp och inte kunna välja annat än att ta emot märket på grund av den smärta och skräck de får genomlida.

Armén kommer att hänga dem nakna på väggar och genomborra deras kroppar med en handborr. Man kommer skinnflå hela kroppen från huvud till tå. Deras barn kommer bli torterade framför deras ögon. Den tortyr som armén kommer ge dem är så obeskrivligt hemsk att det kommer vara mycket svårt för dem att dö som martyrer.

Det är därför som bara få kommer att övervinna tortyren med stark viljekraft som är bortom all mänsklig styrka och dö som martyrer och ta emot frälsningen och nå himlen. På det sättet kommer somliga bli frälsta genom att bevara sin tro utan att förneka Herren och så offra sina liv i martyrdöden under antikrists kontroll under den stora vedermödan. Detta kallas "skamfylld frälsning."

Gud har djupa hemligheter som Han har förberett för den skamfyllda frälsningen för Guds utvalda Israel. Det är de två vittnena och platsen Petra.

De två vittnenas uppträdande och tjänst

Uppenbarelseboken 11:3 säger, *"och jag skall befalla mina två vittnen att profetera under ettusen tvåhundra sextio dagar, klädda i säcktyg."* De två vittnena är det folk som Gud har utvalt i sin plan före tidernas begynnelse för att frälsa sina utvalda, Israel. De kommer att vittna för judarna i Israel att Jesus Kristus är den ende Messias som det Gamla Testamentet har profeterat om.

Gud har talat till mig om de två vittnena. Han förklarade att de inte är så gamla, de vandrar i rättfärdighet och de har upprätta hjärtan. Han lät mig få veta vilken slags vittnesbörd som en av de två gör inför Gud. Hans vittnesbörd innehåller att han har trott på judaism men så hörde han att många människor trodde på Jesus Kristus som Frälsaren och talar om Honom. Så han ber till Gud att hjälpa honom att urskilja vad som är rätt och sant, han säger,

"O, Gud!

Vad är det som bekymrar mitt hjärta?
Jag tror att allt är sant
som jag har hört från mina föräldrar och talat
sedan jag var ung,
men vad är det för bekymmer och frågor som finns i mitt hjärta?

Många människor talar och berättar om Messias.

Men om någon bara kunde visa mig
med tydliga och klara bevis
om det är rätt att tro dem
eller tro det som jag har hört sedan barnsben,
jag skulle bli så glad och tacksam.

Men jag kan inte se någonting,
och om jag följer det som de där människorna talar om,
måste jag anse allt som meningslös och dåraktigt
som jag har hållit alltsedan min ungdom.

Vad är egentligen rätt i Dina ögon?

Fader Gud!
Om du vill,
visa mig en person
som kan fastslå och förklara allt.
Låt honom komma till mig och undervisa mig
vad som är det rätta och vad verklig sanning är.

När jag ser upp mot skyn
blir mitt hjärta i mig bekymrat,
om någon kunde lösa detta problem,
snälla visa mig honom.

Jag kan inte från mitt hjärta svika allt som jag har trott på,
och när jag tänker på allt detta,
finns det någon som kan undervisa och lära mig detta,
om han bara kan visa mig att det är sant,
så skulle det inte vara att jag sviker allt
jag har lärt och sett.

Därför, Fader Gud!
Snälla visa det för mig.

Ge mig förstånd om allt detta.

Jag är bekymrad om så mycket.

Jag tror att allt jag har hört till denna stund är sant.

Men när jag tänker på dem om och om igen,
fylls jag av många frågor och min törst blir inte släckt;
Varför är det så?

Om jag därför bara kunde se allt detta
och vara säker på det;
om jag bara kunde vara säker på att det inte är ett svek
mot det jag har vandrat i till denna dag;
om jag bara kunde veta vad som verkligen är sant;
om jag bara kunde få veta allt
om det jag har tänkt på,
bara då kommer jag kunna få frid i mitt hjärta."

De två vittnena som är judar, letar djupt efter den rena sanningen och Gud kommer att svara dem och sända en gudsman till dem. Genom denne gudsman kommer de inse Guds djupa plan i den mänskliga kultiveringen och acceptera Jesus Kristus. De kommer vara kvar på jorden under den sjuåriga vedermödan och tjänstgöra för Israels omvändelse och frälsning. De kommer få särskild kraft av Gud och vittna om Jesus Kristus för Israel.

De kommer framträda som fullständigt helgade i Guds ögon och fullgöra sin tjänst under 42 månader som det står i Uppenbarelseboken 11:2. Orsaken till att de två vittnena kommer från Israel är för att evangeliets början och slut är Israel.

Evangeliet spreds över hela världen genom aposteln Paulus och nu om evangeliet återigen når Israel, som var dess startpunkt, har arbetet med evangeliet blivit fullbordat.

Jesus sa i Apostlagärningarna 1:8, *"Men när den helige Ande kommer över er, skall ni få kraft och bli mina vittnen i Jerusalem och i hela Judéen och Samarien och ända till jordens yttersta gräns."* Jordens yttersta gräns är Israel som är den slutgiltiga destinationen för evangeliet.

De två vittnena kommer predika budskapet om korset för judarna och förklara för dem om vägen till frälsning med brinnande kraft från Gud. De kommer också göra underbara kraftgärningar och mirakulösa tecken som bekräftar budskapet. De kommer ha makt att stänga himlen så att det inte regnar under de dagar de profeterar; och de kommer ha makt att förvandla vattnen till blod, och slå jorden med alla slags plågor så ofta de vill.

Genom detta kommer många judar att vända åter till Herren men på samma gång kommer andra att förhärda sina samveten och försöka döda de två vittnena. Inte bara dessa judar utan också många onda människor i andra länder under antikrists kontroll kommer avsky de två vittnena och försöka döda dem.

De två vittnenas martyrskap och uppståndelse

Den kraft som de två vittnena har är så stor att ingen kommer våga skada dem. Till slut kommer landets myndigheter att delta i dödandet av dem. Men orsaken till att de två vittnena kommer att dödas är inte på grund av landets myndigheter utan på grund av att det är Guds vilja för dem att bli martyrer i utsedd tid. Platsen där de kommer att dödas som martyrer är ingen annan plats än den som Jesus korsfästes på och det talar för deras uppståndelse också.

När Jesus korsfästes vaktade romerska soldater Hans grav så att ingen skulle kunna stjäla Hans kropp. Men Hans kropp kunde inte hittas eftersom Han hade uppstått. De människor som kommer att döda de två vittnena kommer att bli påminda om detta och oroa sig för att någon ska komma och ta deras kroppar. Så de kommer inte att tillåta att deras kroppar begravs i en grav utan deras döda kroppar fick ligga på gatan så att världens folk kunde titta på deras kroppar. När de onda människorna som förhärdat sina samveten på grund av evangeliet som de två vittnena predikat ser detta kommer de fröjda sig över deras död.

Hela världen kommer att glädja sig och fira, och massmedia kommer sprida nyheten om deras död till hela världen över satelliterna i tre och en halv dagar. Efter tre och en halv dagar kommer de två vittnena att återuppstå. De kommer att få liv igen, ställa sig upp och lyftas upp till himlen i ett härlighetsmoln precis som Elia togs upp i himlen i en virvelvind. Denna förunderliga händelse kommer sändas över hela världen och mängder av människor kommer att se det.

I samma stund kommer det bli en stor jordbävning

och en tiondel av staden kommer störta samman, och sju tusen människor kommer att dödas i jordbävningen. Uppenbarelseboken 11:3-13 beskriver detta i detalj så här:

> *Och jag skall befalla mina två vittnen att profetera under ettusen tvåhundrasextio dagar, klädda i säcktyg. Dessa är de två olivträden och de två ljusstakarna som står inför jordens Herre. Om någon vill skada dem, kommer eld ur deras mun och förtär deras fiender. Ja, om någon vill skada dem måste han dödas på det sättet. De har makt att stänga himlen, så att det inte regnar under de dagar de profeterar. De har makt att förvandla vatten till blod och att slå jorden med alla slags plågor så ofta de vill. Och när de har fullgjort sitt vittnesbörd, skall vilddjuret som kommer upp från avgrunden strida mot dem och besegra och döda dem. Deras döda kroppar kommer att bli liggande på gatan i den stora stad som andligt talat kallas Sodom och Egypten, den stad där deras Herre också blev korsfäst. Människor av olika folk och stammar, språk och folkslag ser deras döda kroppar i tre och en halv dagar, och de tillåter inte att kropparna läggs i någon grav. Och jordens invånare gläder sig över dem och jublar och skickar gåvor till varandra, ty dessa båda profeter har plågat dem som bor på jorden. Men efter de tre och en halv dagarna kom livsande från Gud in i dem, och de stod upp, och*

de som såg dem blev skräckslagna. Och de hörde en stark röst från himlen säga till dem: "Kom hit upp!" Och de steg upp till himlen i ett moln, och deras fiender såg dem (Uppenbareseboken 11:3-13).

Oavsett hur envisa de kommer vara, om de har en strimma godhet i sina hjärtan kommer de inse att den stora jordbävningen och de två vittnenas uppståndelse och uppstigande till himlen är Guds verk och ge äran till Gud. Och de kommer att tvingas inse och erkänna det faktum att Jesus uppstod genom Guds kraft för omkring 2,000 år sedan. Men trots allt som sker kommer somliga onda människor inte ge äran åt Gud.

Jag uppmanar er alla att acceptera Guds kärlek. Ända till sista stund önskar Gud frälsa er och önskar att ni ska lyssna på de två vittnena. De två vittnena kommer vittna med stor kraft från Gud att de har kommit från Gud. De kommer att väcka många människor att se Guds kärlek och vilja för dem. Och de kommer leda er till att gripa tag i den sista möjligheten till frälsning.

Jag uppmanar dig att inte stå jämte fienden som tillhör djävulen som kommer leda dig till förgörelsens väg utan istället lyssna på de två vittnena och nå frälsning.

Petra, en tillflyktsort för judarna

Den andra hemligheten som Gud har planlagt för sina

utvalda, Israel, är Petra, en tillflyktsort under den sjuåriga stora vedermödan. Jesaja 16:1-4 berättar om denna plats som kallas Petra.

> *Sänd lamm till landets herre från Sela genom öknen till dottern Sions berg. 2 Som flyende fåglar utkastade ur fågelboet kommer Moabs döttrar till Arnons vadställen. "Ge oss råd, döm oss rättvist. Låt din skugga vara som natten nu mitt på dagen. Göm de fördrivna, röj inte flyktingarna! Låt mina fördrivna bo hos dig, Moab var ett gömställe för dem undan fördärvaren. Ty utpressaren finns inte mer, skövlingen är slut och förtryckaren försvunnen ur landet.*

Moabs land är beläget i landet Jordanien öster om Israel. Petra är en arkeologisk plats i sydvästra Jordanien som ligger i sluttningen vid berget Hor i en sänka bland bergen som formar den östra sidan av Arabah (Wadi Araba), den stora dalen som går ända från Döda Havet till Aqababukten. Petra är vanligen identifierad med Sela som också betyder klippa, med den bibliska referensen i 2 Kungaboken 14:7 och Jesaja 16:1.

Efter att Herren kommer åter på skyarna kommer Han ta emot de frälsta människorna och njuta av den sjuåriga bröllopsfesten och sedan kommer Han att komma ner till jorden tillsammans med dem och styra över världen under tusenårsriket. Under de sju åren, från Herrens andra tillkommelse i skyn för Uppryckelsen till dess Han kommer åter till jorden, kommer den stora vedermödan övertäcka jorden, och under tre och ett halvt år under den senare delen av den stora vedermödan – under 1,260 dagar, kommer Israels folk gömma sig på platsen som förberetts enligt Guds plan. Det gömstället är Petra (Uppenbarelseboken 12:6-14).

Varför kommer judarna behöva detta gömställe?

Efter att Gud har utvalt Israels folk har Israel attackerats och förföljts av det hedniska släktet. Orsaken är att djävulen som alltid strider mot Gud har försökt hindra Israel från att ta emot Guds välsignelse. Samma sak kommer hända i världshistoriens slut.

När judarna inser genom den sjuåriga stora vedermödan att deras Messias och Frälsare är Jesus som kom ner till jorden för två tusen år sedan, och försöker omvända sig, kommer djävulen förfölja dem till slutet för att hindra judarna från att bevara sin tro.

Gud som vet allt har förberett ett gömställe för sitt utvalda Israel genom vilken Han demonstrerar sin kärlek till dem och inte håller tillbaka någonting i sin kärlek till dem. I enlighet med denna kärlek och Guds plan kommer Israel att gömma sig i Petra och undkomma förövarna.

På samma sätt som Jesus sa i Matteus 24:16, *"då måste de som är i Judéen fly bort till bergen"* kommer judarna kunna fly undan den sjuåriga vedermödan i gömställena i bergen, och bevara sin tro och nå frälsningen där.

När dödens ängel dödade alla förstfödda i Egypten kontaktade hebréerna varandra snabbt i hemlighet och undkom samma plåga genom att stryka blodet från lammet på de två dörrposterna och på det övre dörrträet i deras hus.

På samma sätt kommer judarna kontakta varandra så snabbt om var de ska ta vägen och skynda sig till gömställena innan antikrists myndigheter börjar arrestera dem. De kommer vara medvetna om Petra eftersom många evangelister fortsatt att vittna om detta gömställe och de som inte har trott kommer ändra sig och söka upp gömstället.

Detta gömställe kommer inte kunna hysa alltför många människor. Faktum är att många människor som har omvänt sig genom de två vittnena inte kommer att lyckas gömmas sig i Petra och bevara sin tro genom hela den stora vedermödan men sedan dö som martyrer.

Guds kärlek genom de två vittnena och Petra

Kära bröder och systrar, missade ni tillfället till frälsning genom uppryckelsen? Tveka då inte att bege er till Petra, den sista möjligheten till er frälsning given till er av Guds nåd. Snart kommer fruktansvärda katastrofer att komma genom antikrist. Ni måste gömma er i Petra innan dörren med den sista nåden stängts på grund av antikrists påtvingande av märket.

Har ni missat chansen att komma in i Petra? Då finns det bara ett sätt för er att nå frälsning och komma in i himlen och det är genom att inte förneka Herren och inte ta emot vilddjurets

"666." Ni måste övervinna all slags fruktansvärd tortyr och dö som martyrer. Det är inte alls lätt, men ni måste göra det för att undkomma den eviga plågan i den brinnande sjön.

Jag önskar enträget att ni inte ska vända er bort från frälsningens väg och hela tiden påminna er om Guds osvikliga kärlek och frimodigt övervinna allt. Medan ni kämpar och strider mot alla slags frestelser och förföljelser som antikrist lägger på er, kommer vi, era bröder och systrar i tron ivrigt be för er seger.

Men vår sanna önskan är att ni accepterar Jesus Kristus innan allt detta händer, och får bli uppryckta till himlen tillsammans med oss och komma in på bröllopsfesten när vår Herre kommer tillbaka. Vi ber med kärlekens tårar om att Gud ska komma ihåg de trosgärningar som era förfäder gjorde och det förbund Han stiftade med dem och ge er den stora nåden av frälsning än en gång.

I sin stora kärlek har Gud förberett två vittnen och Petra så att ni kan acceptera Jesus Kristus som Messias och Frälsare och nå frälsning. Till mänsklighetens historias sista stund uppmanar jag er att komma ihåg denna osvikliga kärlek som Gud har som aldrig ger upp hoppet om er.

Kärlekens Gud har innan Han sänder er de två vittnena för att förbereda för den stora vedermödan sänt en gudsman och låtit honom berätta för er vad som kommer att ske i den sista tiden i världen och leda er till frälsningens väg. Gud vill inte att en enda av er ska bli kvarlämnade under den sjuåriga vedermödan. Även om ni stannar kvar på jorden efter uppryckelsen vill Han att ni ska gripa tag om och hålla fast vid det sista halmstrået till frälsning. Det är Guds stora kärlek.

Det kommer inte dröja länge innan den sjuåriga stora vedermödan börjar. I den största vedermödan någonsin i hela mänsklighetens historia kommer Gud uppfylla sin kärleksfulla plan för Israel. Den mänskliga kultiveringens historia kommer bli fullbordad parallellt med Israels historias fullbordande.

Tänk om judarna kunde förstå Guds sanna vilja och acceptera Jesus som deras Frälsare redan nu. Även om Israels historia i Bibeln skulle behöva korrigeras och skrivas om skulle Gud villigt göra så. Det beror på att Hans kärlek till Israel är bortom all föreställning.

Men många judar har gått, går och kommer gå sina egna vägar tills de möter den kritiska punkten. Gud den Allsmäktige som vet allt som kommer hända i framtiden har skapat en sista chans för er frälsning och leder er med sin osvikliga kärlek.

Se, jag skall sända till er profeten Elia, innan HERRENS dag kommer, den stora och fruktansvärda. Han skall vända fädernas hjärtan till barnen och barnens hjärtan till deras fäder, så att jag inte kommer och slår landet med tillspillogivning (Malaki 4:5-6).

Jag ger all tack och ära till Gud som leder inte bara Israel, Hans utvalda, utan också alla människor i alla nationer till frälsningens väg med sin oändliga kärlek.

Författaren:
Dr. Jaerock Lee

Dr. Jaerock Lee föddes 1943 i Muan, Jeonnamprovinsen, Republiken Korea. I tjugoåren led Dr. Lee av olika slags obotliga sjukdomar under sju år och inväntade döden utan hopp om tillfrisknande. En dag våren 1974 leddes han emellertid till en kyrka av hans syster och när han böjde knä för att be botade den levande Guden honom omedelbart från alla hans sjukdomar.

Från den stund då Dr. Lee mötte den levande Guden genom denna underbara upplevelse har han uppriktigt älskat Gud av hela sitt hjärta och 1978 fick han kallelsen av Gud att bli Hans tjänare. Han bad ivrigt och innerligt så att han skulle komma att förstå Guds vilja och helt och fullt kunna utföra den, och han lydde alla Guds ord. År 1982 grundade han Manmin Centralkyrkan i Seoul, Korea och ett oräkneligt antal Guds verk, inklusive mirakulösa helanden och underverk har skett i hans församling.

År 1986 blev Dr. Lee ordinerad som pastor vid "Annual Assembly of Jesus' Sungkyul Church of Korea", och 1990, fyra år senare, började hans predikningar sändas över radio och TV i Australien, Ryssland, Filippinerna och många andra länder genom Far East Broadcasting Company, Asia

Broadcast Station, och Washington Christian Radio System.

Tre år senare, 1993, valdes Manmin Centralkyrkan till en av de 50 främsta församlingarna i världen av amerikanska tidskriften *Christian World* och han mottog ett hedersdoktorat i teologi vid universitetet Christian Faith College, Florida, USA, och 1996 mottog han en Fil. Dr i pastorsämbete från Kingsway Theological Seminary, Iowa, USA.

Sedan 1993 har Dr. Lee haft en ledande roll i världsmissionen genom många internationella kampanjer i Tanzania, Argentina, L.A, Baltimore City, Hawaii och New York City i USA, Uganda, Japan, Pakistan, Kenya, Filippinerna, Honduras, Indien, Ryssland, Tyskland och Peru, Demokratiska Republiken Kongo, Israel och Estland.

På grund av sitt arbete med internationella kampanjer blev han 2002 kallad "global pastor" av stora kristna tidningar i Korea. Ham har frimodigt proklamerat att Jesus Kristus är Messias och Frälsare genom hans kampanj i New York år 2006 som hölls i den världskända arenan Madison Square Garden och som TV-sändes till 220 nationer, och hans kampanj i Israel "Israel United Crusade" år 2009 på Internation Convention Center i Jerusalem. Hans predikan blev TV-sänd till 176 nationer via satelliter som GCN TV och han utsågs till en av de tio mest inflytelserika kristna ledarna år 2009 och 2010 av den populära, kristna tidningen *In Victory* och nya utgåvan *Christian Telegraph* för hans kraftfulla tjänst genom TV-sändningar och församlingsbyggande tjänst utomlands.

Per mars 2014 är Manmin Centralkyrkan en församling med mer än 120,000 medlemmar. Den har 10,000 inrikes och utrikes församlingsgrenar över hela världen, inklusive 54 nationella församlingsgrenar. Så här långt har man skickat ut mer än 129 missionärer till 23 länder, länder som USA, Ryssland, Tyskland, Kanada, Japan, Kina, Frankrike, Indien, Kenya och många flera.

Till denna dag har Dr. Lee skrivit 88 böcker, inklusive bästsäljare som *En Smak av Evigt Liv Före Döden, Mitt Liv, Min Tro I & II, Budskapet om Korset, Måttet av Tro, Himlen I & II, Helvetet* och *Guds Kraft.* Hans verk har översatts till mer än 76 språk.

Hans kristna krönikor finns i tidningarna *The Hankook Ilbo, The JoongAng Daily, The Chosun Ilbo, The Dong-A Ilbo, The Munhwa Ilbo, The Seoul Shinmun, The Kyunghyang Shinmun, The Hankyoreh Shinmun, The Korea Economic Daily, The Korea Herald, The Shisa News,* och *The Christian Press.*

Dr. Lee är för närvarande grundare och ledare för ett antal missionsorganisationer och sammanslutningar såsom styrelseordförande i The United Holiness Church of Jesus Christ; president i Manmin World Mission; president i The World Christianity Revival Mission Association; Grundare och styrelseordförande i Global Christian Network (GCN); grundare och styrelseordförande av The World Christian Doctors Network (WCDN); samt grundare och styrelseordförande, Manmin International Seminary (MIS).

Andra kraftfulla böcker av samme författare

Himlen I & II

En detaljerad bild över den härliga boendemiljön som de himmelska medborgarna njuter av och underbar beskrivning av de olika nivåerna i de himmelska herradömen.

Budskapet om Korset

Ett kraftfullt budskap som ger ett uppvaknande till människor som är andligt sovande! I denna bok finner du orsaken till att Jesus är den ende Frälsaren och Guds sanna kärlek.

Helvetet

Ett allvarligt budskap till hela mänskligheten från Gud som inte vill att en enda själ ska hamna i helvetets djup! Du kommer upptäcka sådant som aldrig tidigare uppenbarats om den grymma verkligheten i Nedre Hades och helvetet.

Ande, Själ och Kropp I & II

En guidebok som ger oss andlig insikt om ande, själ och kropp och hjälper oss att ta reda på vilket slags "jag" vi har, så att vi kan få kraft att besegra mörkret och bli en andlig person.

Måttet av Tro

Vilka slags himmelska boplatser, kronor och belöningar är förberedda för dig i himlen? Denna bok ger visdom och vägledning och hjälper dig att mäta din tro och kultivera den till att bli den bästa och mognaste tron.

Vakna Israel

Varför har Gud vakat över Israel ända från denna världens begynnelse till denna dag? Vad har Han i sin omsorg förberett för Israel i de sista dagarna, för dem som väntar på Messias?

Mitt Liv, Min Tro I & II

En ytterst dyrbar andlig väldoft utvunnen från livet som blomstrar med en oförliknelig kärlek till Gud, mitt i de mörka vågorna, kalla ok och djupaste förtvivlan.

Guds Kraft

Denna måste-läsa-bok är en viktig guide genom vilken man kan erhålla sann tro och uppleva Guds underfulla kraft.

www.urimbooks.com

www.ingramcontent.com/pod-product-compliance
Lightning Source LLC
LaVergne TN
LVHW041810060526
838201LV00046B/1202